KB092557

**키워드 검색량 조회 전략으로
조회수와 방문자 늘리기**

네이버

블로그&
포스트 만들기

지은이 **정진수**

대한민국 대표 SNS 일타 강사로 SNS 분야에서는 독보적인 영향력을 쌓았다. SNS 분야 도서 9권을 집필했고 모두 베스트셀러 반열에 올랐다. 인스타그램 도서를 대한민국에서 최초로 집필했으며, SNS 분야 트렌드 도서 역시 대한민국에서 첫 번째로 집필했다. 온라인 마케팅에 관해서 이론으로만 말하지 않는다. 교육업부터 공간대관, 외식업까지 세 개의 사업을 통해 직접 만든 사례로 강의하고 도서를 집필한다. 모든 SNS를 직접 운영하며 50만 명 이상의 팔로우를 보유하고 있다. 저서로는 《네이버 블로그&포스트 만들기》(한빛미디어), 《인스타그램 마케팅 잘하는 사람은 이렇게 합니다》(나비의활주로), 《고수의 스마트폰엔 특별한 앱이 있다》(나비의활주로, 공저), 《똑똑한 유튜버는 스마트폰으로 합니다》(나비의활주로, 공저), 《크리에이터의 시대, 2019 SNS 트렌드를 읽다》(천그루숲), 《결과로 말하는 고수들의 실전 SNS》(나비의활주로, 공저), 《인스타그램으로 SNS마케팅을 선점하라》(나비의활주로), 《실전 인스타그램 마케팅》(나비의활주로, 대만 수출), 《SNS 마케팅 한방에 따라잡기》(비즈니스맵)가 있다.

Email korbomb@naver.com
Homepage www.gamsung.biz
Blog blog.naver.com/korbomb
Instagram @jinsu_jung

키워드 검색량 조회 전략으로 조회수와 방문자 늘리기

네이버 블로그&포스트 만들기

초판 1쇄 발행 2020년 10월 23일
초판 3쇄 발행 2022년 10월 24일

지은이 정진수 / **펴낸이** 김태헌
펴낸곳 한빛미디어(주) / **주소** 서울시 서대문구 연희로2길 62 한빛미디어(주) IT출판1부
전화 02-325-5544 / **팩스** 02-336-7124
등록 1999년 6월 24일 제25100-2017-000058호 / **ISBN** 979-11-6224-357-2 13000

총괄 배윤미 / **책임편집** 장용희 / **기획편집** 박은경 / **진행** 박동민
디자인 표지 최연희, 내지 이아란 / **전산편집** 김보경
영업 김형진, 김진불, 조유미 / **마케팅** 박상용, 한종진, 이행은, 고광일, 성화정 / **제작** 박성우, 김정우

이 책에 대한 의견이나 오탈자 및 잘못된 내용에 대한 수정 정보는 한빛미디어(주)의 홈페이지나 아래 이메일로 알려주십시오.
잘못된 책은 구입하신 서점에서 교환해 드립니다. 책값은 뒤표지에 표시되어 있습니다.
한빛미디어 홈페이지 www.hanbit.co.kr / 이메일 ask@hanbit.co.kr / 자료실 www.hanbit.co.kr/src/10357

Published by HANBIT Media, Inc. Printed in Korea
Copyright © 2020 정진수 & HANBIT Media, Inc.
이 책의 저작권은 정진수와 한빛미디어(주)에 있습니다.
저작권법에 의해 보호를 받는 저작물이므로 무단 복제 및 무단 전재를 금합니다.

지금 하지 않으면 할 수 없는 일이 있습니다.
책으로 펴내고 싶은 아이디어나 원고를 이메일(writer@hanbit.co.kr)로 보내주세요.
한빛미디어(주)는 여러분의 소중한 경험과 지식을 기다리고 있습니다.

키워드 검색량 조회 전략으로
조회수와 방문자 늘리기

네이버 블로그&포스트 만들기

정진수 지음

한빛미디어
Hanbit Media, Inc.

네이버 블로그는 누구나 할 수 있지만,
모두가 잘할 수는 없습니다!

대한민국의 스마트폰 보급률은 95%로 전 세계 1위입니다. 수치를 보지 않더라도 주변에 스마트폰이 없는 사람을 찾기란 매우 어렵습니다. 이와 같은 변화와 더불어 여러 가지 요인으로 인해 시대가 빠르게 변하고 온라인의 영향력이 커졌습니다. 삶의 많은 것들이 온라인의 영향을 받고, 우리의 활동 범위 또한 오프라인보다 온라인에서 더 넓습니다. 현재에는 변화된 시대가 원하는 것을 잘 활용하는 사람만이 살아남을 수 있습니다. 이러한 시대의 변화에 따라 끊임없이 배우고 공부해서 온라인 경쟁력을 키워야만 합니다.

정보 과잉 시대에 오로지 콘텐츠만으로 경쟁하기는 쉽지 않습니다. 단순히 본질에만 집중해 좋은 콘텐츠를 만들어내면 자연스럽게 홍보와 브랜딩이 이루어지고 매출이 오르게 될까요? 질문을 바꿔보겠습니다. 지금 여러분이 보고 있는 이 책이 그저 콘텐츠의 품질만 우수하다면 다른 블로그 마케팅 책들을 다 제치고 훨씬 더 많이 판매될 수 있을까요? 이 책을 서점에서 발견하기 어렵고, 가격도 다른 책보다 훨씬 더 비싸며, 디자인도 경쟁력이 없다고 가정해봅시다. 아무리 내용이 좋다고 한들 많이 판매될 수 있을까요? 가능할 수도 있겠지만 아무래도 쉽지 않을 것입니다.

물론 콘텐츠의 품질은 더 이상 말할 필요도 없는 기본 중의 기본입니다. 그러나 오늘날과 같은 상향 평준화 시대에는 대부분의 콘텐츠가 기본 이상의 품질을 갖춘 상황이라 마케팅의 역할이 더 중요합니다. 블로그 마케팅도 그렇습니다. 죄송한 이야기지만 꾸준히 열심히만 해서는 블로그 마케팅을 잘할 수 없습니다. 콘텐츠의 품질을 향상시키고 꾸준히 운영하는 것도 당연히 중요하지만, 블로그의 운영 목적 및 목표 등의 방향성과 콘텐츠 작성법, 검색 상위 노출 방법 등의 구체적인 실천 전략이 훨씬 더 중요합니다.

상업적인 목적으로 블로그를 운영하는 경우는 특히 더 그렇습니다. 네이버 검색 엔진이 광고성 콘텐츠를 노출시키지 않으려고 검색 알고리즘을 여러 차례 변경했기 때문입니다. 아마 앞으로도 네이버는 계속 변화를 꾀할 것입니다. 이러한 변화에 따라 이제는 요행을 바라기가 어려워졌습니다. 수많은 콘텐츠가 쏟아지는 가운데 블로그 운영 및 마케팅 방법을 제대로 모른다면 아무리 열심히 노력해도 검색되지 않을 확률이 높습니다. 검색되지 않는 블로그는 방문자가 찾아오리라고 기대할 수도 없습니다.

블로그 마케팅을 성공시키기가 상당히 어려운 시대입니다. 여러분의 시간과 노력이 헛수고가 되지 않았으면 하는 마음에 길잡이 역할을 바라며 이 책을 집필했습니다. 필자는 블로그를 개설한 지 약 15년이 되었습니다. 2005년에 처음 시작해서 하루에 5시간씩 블로그에 시간을 투자하기도 했고, 2년 내내 단 하루도 빠짐없이 포스팅하던 시절도 있었습니다. 블로그 때문에 울고 싶었던 적도 많았고 블로그가 검색되지 않으면 우울하기도 했음을 고백합니다. 물론 반대로 말로 표현할 수 없이 즐거웠던 적도 많았습니다.

필자의 블로그는 총 방문자가 2백만 명을 훌쩍 뛰어넘었습니다. 또한 필자는 블로그를 통해 새로운 직업을 가졌으며, 지금의 이 자리까지 올 수 있었습니다. 그렇게 여러 해 동안 이론에만 머물지 않고 실전 경험으로 배운 블로그 운영 노하우를 여러분께 전달하고자 합니다.

이 책에는 제가 15년 넘게 운영한 블로그의 모든 것을 담았습니다. 블로그 운영에는 정답이 없고, 블로그는 마치 살아있는 생명처럼 계속 성장하고 변화합니다. 집필 시점을 기준으로 관련 내용이 조금씩 달라질 수 있으니 항상 네이버 트렌드를 예의주시해달라고 미리 말씀드립니다.

사실 5년 전 집필을 시작했지만 이런저런 상황 때문에 다른 책을 여러 권 출간하고 나서야 이 책이 세상의 빛을 보게 되었습니다. 그로부터 1년이 더 지나 네이버 신규 업데이트 내용을 반영한 개정판을 출간하게 되었습니다. 책에는 필자의 블로그 운영 경험이 온전히 녹아있습니다. 이 경험이 여러분께 큰 도움이 되길 진심으로 바랍니다. 블로그의 매력에 빠질 여러분을 상상하며, 여러분의 승리를 기원하겠습니다.

저자 정진수

검색 엔진 최적화(SEO), 네이버와 방문자가 좋아하는 블로그 만들기

검색 상위 노출에 대한 개념을 알아보았습니다. 그렇다면 검색 엔진 최적화(SEO)란 무엇일까요? 검색 엔진 최적화(SEO, Search Engine Optimization)란 콘텐츠가 검색되고 확산되기 위해 필요한 자적을 주는 과정이라고 생각하면 쉽습니다. 많은 사용자에게 도달한 콘텐츠일수록 '검색 엔진 최적화'가 잘되었다고 표현합니다. 검색 엔진 최적화는 어떻게 잘할 수 있을까요?

검색 엔진 최적화를 위해서는 블로그명부터 별명, 소개글, 프로필 이미지, 커버 이미지와 같은 기본 설정 부분과 콘텐츠의 제목, 적당한 글의 길이, 이미지 등의 요소 삽입 여부, 태그 작성, 카테고리 설정 여부, 공개 설정과 발행 설정 등 다양한 요소를 판단해봅니다. 쉽게 이야기하자면 검색에 노출되기 위해서 혹시 빠트린 내용은 없는지 확인해보는 것입니다.

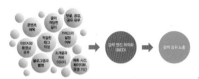

▲ 검색 엔진 최적화(SEO)를 위한 다양한 요소

이해가 쏙쏙 되는 내용 설명

검색 상위 노출과 검색 엔진 최적화(SEO)부터 C-Rank(C-랭크) 알고리즘, D.I.A.(다이아) 모델 등 어려운 검색 알고리즘 개념까지 도표와 상세한 예시를 통해 핵심만 쏙쏙 뽑아 쉽게 알려줍니다.

01 홈페이지형 스킨으로 사용할 이미지를 등록해보겠습니다. [꾸미기 설정] 탭의 [세부 디자인 설정] 페이지에서 설정할 수 있습니다. 리모콘의 ❶ [스킨배경] 메뉴에서 ❷ [직접등록] 탭의 ❸ [파일 등록]을 클릭해 미리 만들어둔 상단 이미지를 불러옵니다. 여기서는 ❹ 홈페이지형 블로그.png를 불러옵니다. ❺ [적용]을 클릭해 변경 내용을 저장합니다.

02 내 블로그로 이동하면 스킨 이미지가 적용된 것을 확인할 수 있습니다. 스킨 이미지 부분을 드래그하면 앞서 적용한 부명 위젯도 확인할 수 있습니다.

상세한 따라 하기 실습

블로그 제작 방법부터 꾸미기, 레이아웃과 위젯 설정, 스마트 에디터 ONE, 키워드 도구 활용까지 블로그 운영에 필요한 모든 내용을 상세하게 알려줍니다.

니다. '일주일에 하나씩 한 달 동안 맛집 리뷰하기'와 같은 작은 목표부터 차근차근 도전해보세요. 작은 성취는 큰 성취를 이끌어내는 원동력이 되므로 꼭 기억하길 바랍니다.

NOTE 네이버 블로그 전문가의 실전 노하우

'파워블로그'와 '이달의 블로그' 알아보기

예전에는 네이버에 '파워블로그' 제도가 있었습니다. 파워블로그는 수많은 블로거의 운영 목적이었고, 파워블로그가 되기 위한 목표를 세우곤 했습니다. 하지만 2014년을 마지막으로 네이버는 더 이상 파워블로그를 선정하지 않습니다.

네이버 블로그 전문가의 실전 노하우

네이버 블로그 마케팅 실전 경험을 바탕으로 더 알아야 하는 내용이나 궁금할 만한 사항을 추가로 알려줍니다.

아낌없이 주는 특별부록

블로그 키워드 검색량 조회를 통한 유효 키워드 선정 전략, 수익 창출을 위한 애드 포스트 설정 방법을 특별부록에서 상세하게 소개합니다. 더욱더 알찬 내용으로 보강된 특별부록까지 함께 만나보세요!

N 특별부록

TIP 데이터는 참고용으로만 확인하기

키워드 검색량 조회 서비스에서 보여주는 정보는 유효 키워드를 찾는 데 큰 도움이 됩니다. 다만 불변의 절대적인 지표는 아니니 참고용으로만 확인하는 것을 권장하며, 실제로 블로그에 게시글을 작성해보며 확인하는 것이 좋습니다.

> 키워드마스터를 활용해 유효 키워드 찾기

네이버 광고의 [키워드 도구]와 블랙키위를 이미 사용해봤다면 키워드마스터도 어렵지 않게 활용할 수 있습니다. 키워드 검색량 조회 방식은 유사합니다. 먼저 키워드마스터(http://www.whereispost.com/keyword/)에 접속하면 키워드마스터 사용 방법에 관해 간단히 소개하고 있는 페이지를 확인할 수 있습니다.

▲ 키워드 검색량 조회 서비스, 키워드마스터

---

blog

성공적인 블로그 마케팅을 위한
단계별 체크 리스트

※ 알고 있는 내용과 실천한 것을 체크해보고, 모르는 내용이나 아직 실천하지 않은 것은 다시 확인해보세요!

★ 네이버 블로그를 제대로 알고 있나요?

☐ 1. 네이버 블로그와 SNS, 동영상 플랫폼은 서로 도움을 줄 수 있는 마케팅 플랫폼이다.
☐ 2. 최적화 블로그의 특징은 현재 통하지 않는 방법이다.
☐ 3. 최적화 블로그를 계기로 C-Rank 알고리즘과 D.I.A. 모델이 등장했다.
☐ 4. C-Rank 알고리즘은 특정 주제에 대해 전문성 있는 콘텐츠를 지속적으로 작성하는 것이 중요하다.
☐ 5. D.I.A. 모델은 정보성과 경험이 반영된 콘텐츠와 그 콘텐츠에 대한 방문자들의 반응이 중요하다.
☐ 6. 네이버 블로그는 전문성 있고 정성스러우며 지속적인 포스팅을 해야 한다.

★ 어떤 블로그를 만들지 계획했나요?

☐ 1. 주제와 콘텐츠의 특징, 차이점 알기
☐ 2. 블로그의 주제와 콘셉트를 정하며 운영 방향과 성격 결정짓기
☐ 3. 개인 블로그의 끝기 블로그와 끝기 특징을 알고 운영할 블로그 정하기
☐ 4. 블로그의 콘텐츠와 연결시켜 블로그의 닉네임 정하기

PART 03 · 네이버 블로그 마케팅의 핵심, 검색 상위 노출

성공적인 블로그 마케팅을 위한
단계별 체크 리스트

검색 상위 노출, 블로그 기획과 콘텐츠 작성법, 블로그 제작 · 운영에 대해 알고 있는 내용과 실천한 것을 체크해보고, 모르는 내용이나 아직 실천하지 않은 것은 다시 확인해보세요.

▶▶ 네이버 블로그 챌린저스를 소개합니다!

❯ 네이버 블로그 챌린저스는 어떤 프로그램인가요?

네이버 블로그 챌린저스는 커리큘럼에 따라 도서를 학습하면서 자신만의 목표를 달성하기 위해 블로그를 꾸준히 운영할 수 있도록 독려하고 전략적인 검색 노출 전략을 세워볼 수 있는 프로그램입니다. 다음과 같이 세 단계의 체계적인 과정에 따라 미션을 수행합니다.

> STEP 01. 블로그 제작하고 운영 및 관리 점검하기
> STEP 02. 블로그 기획 및 콘텐츠 작성법 익히기
> STEP 03. 블로그 검색 상위 노출에 도전하기

❯ 네이버 블로그 챌린저스를 통해 새롭게 배운 점은 무엇인가요?

※ 1기 참여자의 후기를 바탕으로 정리했습니다.

> 1. 네이버 최신 트렌드와 검색 알고리즘
> 2. 검색되는 유효 키워드 선정 방법
> 3. 홈페이지형 블로그 설정 방법

❯ 네이버 블로그 챌린저스를 통해 어떤 성과를 이뤘나요?

> 1. 블로그 방문자, 조회수, 이웃 증가
> 2. 검색 엔진 최적화 및 네이버 검색 노출
> 3. 꾸준한 블로그 운영을 위한 동기 부여

▶▶ 네이버 블로그 챌린저스 1기 참여자 후기

〉 참여하면서 만족했던 부분 또는 얻은 성과는 무엇인가요?

"일방문자가 소폭 증가했습니다. 키워드 등록 시 참고할 수 있는 네이버 광고 웹사이트와 홈페이지형으로 블로그 스킨 변경 방법을 알게 되었습니다." – 박정진 님

"챌린저스 활동 중 포스팅한 글의 조회수가 상위로 올라왔습니다. 전체 조회수와 이웃이 조금씩 늘고 있습니다." – 김민규 님

〉 도서가 네이버 블로그 챌린저스 활동에 도움이 되었나요?

"노출이 잘되는 블로그를 위한 팁들이 자세히 나와 있어서 좋았습니다. 보통의 책들은 블로그를 만들고, 꾸미는 것에 대한 분량이 많은 반면 이 책은 검색 노출에 관한 팁이 전면적으로 나와 있어서 매우 큰 도움이 되었습니다." – 최경산 님

〉 네이버 블로그 챌린저스 참여 후기를 들려주세요!

"일방문자가 한 자릿수였던 블로그가 챌린저스 활동을 통해 두 자릿수가 되었고 곧 세 자릿수가 될 것 같습니다. 전략 없이 무작정 글만 썼던 지난날을 반성하며 보다 전략적인 블로그 운영 방법을 연습해볼 수 있었던 시간이었습니다. 내 블로그에는 왜 방문자가 없을까에 대한 고민이 해결되는 시간이었습니다." – 최경산 님

"제대로 관리되지 못하고 있는 블로그에 새 생명을 불어넣어주었습니다. 체계적인 목표와 전략 수립을 통해 파워블로거로 한 단계 올라서는 데 도움이 되는 디딤돌 같은 책이라 생각됩니다." – 전준규 님

이 책의 모든 예제 소스(준비 파일)는 한빛출판네트워크 홈페이지(www.hanbit.co.kr)에서 다운로드할 수 있습니다. 홈페이지에 접속해 [자료실]을 클릭합니다.

검색란에 '네이버 블로그'를 입력하고 🔍을 클릭합니다. 도서의 예제 소스를 클릭해 다운로드하고 압축을 해제해 사용합니다.

빠르게 다운로드하기 **www.hanbit.co.kr/src/10357**에 접속하면 예제 소스를 바로 다운로드할 수 있습니다.

이 책의 무료 특별판 PDF 파일은 예제 소스와 동일하게 한빛출판네트워크 홈페이지(www.hanbit.co.kr) 자료실에서 다운로드할 수 있습니다. 또는 온라인 서점에서 검색해 무료로 다운로드할 수 있습니다.

무료 특별판에는 성공적인 블로그 마케팅을 위한 체크 리스트, 핵심 요약이 수록되어 있습니다. 또한 블로그 분석, 운영 계획, 예상 콘텐츠 계획, 미션 네이버 블로그 등의 내용을 다양한 워크북 형태로 제공합니다.

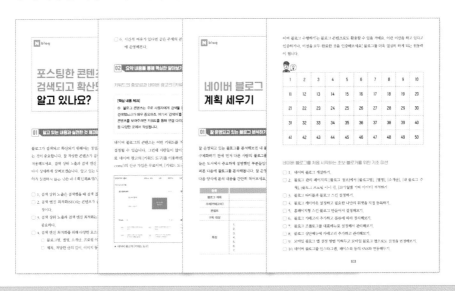

PART 01

네이버 블로그,
제대로 준비해서 시작하기

⊘ CHAPTER 01   **네이버 블로그, 제대로 알고 시작하기**

PART

03 네이버 블로그 마케팅의 핵심, 검색 상위 노출

⊘ CHAPTER 01   **포스팅한 콘텐츠가 검색되고 확산되는 방법은 따로 있다**

⊘ CHAPTER 02   **네이버의 다양한 서비스를 통해 검색 노출 꾀하기**

PART
04
나만의 특색 있는
블로그 만들고 꾸미기 ▼

⊘ CHAPTER 01   **블로그 개설하고 기본 설정하기**

PART 05

스마트에디터 ONE
활용해 톡톡 튀는 콘텐츠 작성하기

네이버 블로그, 제대로 준비해서 시작하기

네이버 블로그는 누구나 할 수 있지만, 모두가 잘할 수는 없습니다. 수시로 변화하는 네이버 마케팅 트렌드에 따라 블로그를 운영하려면 네이버라는 플랫폼을 제대로 알고 시작해야 합니다. 또한 주제나 콘셉트 등 블로그 기획도 매우 중요합니다. 지금부터 네이버 블로그에 관해 무엇을 알고 시작해야 하는지 전반적으로 짚어보고, 잘 만든 블로그도 참고삼아 살펴보면서 네이버 블로그를 시작할 준비를 해보겠습니다.

네이버 블로그,
제대로 알고 시작하기

01 대한민국에서는 여전히 '네이버 블로그'

가장 많은 사람이 즐겨 찾는 플랫폼, 네이버

네이버에는 매일 평균 약 3,000만 명이 모바일을 통해 방문합니다. 네이버 블로그에는 하루 평균 60만 개의 글이 게시되고, 4,000만 개의 글이 구독됩니다. 떠올려보면 우리는 수많은 정보를 찾기 위해 하루에도 몇 번씩 네이버에 접속하곤 하니 당연한 결과입니다.

모바일 리서치 오픈서베이가 2020년 3월에 발표한 자료(《소셜미디어와 검색 포털에 관한 리포트》, https://blog.opensurvey.co.kr/trendreport/socialmedia-2020/)에 따르면 정보 탐색용 이용 사이트 점유율은 70.4%로 네이버가 가장 높고, 주로 이용하는 검색 포털 사이트 점유율 또한 네이버가 76%로 가장 높습니다. 그 이유로는 "해당 검색 포털의 사용이 익숙하다."는 답변이 69.9%로 가장 많습니다.

유튜브와 같은 동영상 플랫폼의 인기나 페이스북 또는 인스타그램과 같은 SNS의 강세를 보면 다양한 플랫폼이 네이버의 자리를 위협하는 것처럼 보입니다. 하지만 이 자료를 살펴보면 "유튜브가 이용률은 높으나, 아직은 주된 정보 탐색 채널로 올라서지 못했다. 정보 탐색에서는 여전히 네이버가 압도적으로 높은 이용률을 보인다."라고 분석하고, 상황별로 이용하는 검색 채널이 다름을 알 수 있습니다.

이러한 자료만 봐도 알 수 있듯이 네이버는 대한민국에서 가장 많은 사람이 즐겨 찾는 검색 포털 사이트이고 여전히 우리에게 가장 익숙한 채널입니다. 필자 또한 다양한 온라인 마케팅 활동을 진행하지만, 가장 중심이 되는 채널은 네이버 블로그입니다.

▲ '대한민국 국가대표 SNS 마케팅 강사 정진수' 블로그(https://blog.naver.com/korbomb)

그래도 여전히 네이버 블로그를 시작하는 것이 맞을까 고민되나요? 그럼 질문을 하나 던져보겠습니다. 여러분이 내일 급하게 부산으로 여행을 가야 한다고 가정해봅시다. 당장 숙소를 예약하거나 식당을 찾아보려면 어떻게 해야 할까요? 우선 네이버에 접속해 '부산 숙소 추천' 또는 '부산 맛집 추천' 등을 검색해보고, 상세한 후기를 작성해둔 블로그를 살펴보며 여행 계획을 세울 것입니다. 제가 던진 질문의 의도를 파악했으리라 생각하고, 이어서 네이버 블로그 마케팅에 대해 알아보겠습니다.

네이버 블로그와 SNS를 융합한 마케팅

페이스북, 인스타그램, 유튜브 등 온라인 마케팅 플랫폼이 다양해지면서 네이버 블로그의 자리가 위협받으리라 예측된 적이 있습니다. 하지만 시간이 지나면서 마케팅 영역에서의 네이버 블로그와 SNS는 서로 경쟁히는 것이 아님을 알게 되었습니다.

블로그는 글 길이에 제한이 없고 글과 함께 이미지, 동영상, 지도 등 다양한 정보를 자유롭게 조합해 작성할 수 있습니다. SNS와 동영상 플랫폼은 특성상 이러한 부분이 아무래도 불편합니다. 아무리 SNS나 동영상 플랫폼이 강세라고 해도 정보를 찾는 사람들은 결국 더 자세하고 다양한 정보에 갈증을 느끼기 마련입니다.

네이버 블로그와 다른 SNS들은 함께 활용하기가 매우 좋습니다. 긴 글이나 사진, 동영상 등 여러 가지 형식을 함께 사용하는 데 제약이 있는 플랫폼에서 블로그 링크를 공유하는 등의 방식을 활용합니다. 각 영역에서 서로 도움을 줄 수 있는 마케팅 플랫폼으로 함께 활용되고 있는 것입니다.

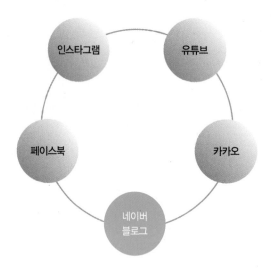

▲ 마케팅 영역에서 네이버 블로그와 함께 활용할 수 있는 플랫폼들

모든 마케팅 플랫폼의 끝에는 네이버가 있습니다. 검색을 위해 처음부터 네이버에 접속하기도 하지만 대부분은 다음과 같은 검색 패턴을 통해 네이버를 이용합니다. 다른 플랫폼에서 어떤 콘텐츠를 접하고 난 후 네이버에 접속해 제품명이나 사이트명을 검색하는 것입니다. 앞서 이야기했듯이 SNS나 동영상 플랫폼이 담지 못하는 더 자세한 정보를 찾기 위함입니다. 10명 중 7명 정도는 이러한 패턴으로 네이버를 이용하는 만큼 네이버 블로그는 대한민국에서 가장 많이 찾는 검색 포털 사이트이자 마케팅을 하고 싶은 개인이나 기업이 가장 선호하는 플랫폼임을 알 수 있습니다.

변화하는 네이버 블로그 마케팅 트렌드

네이버 블로그의 핵심은 '노출'입니다. 내가 작성한 콘텐츠를 다른 사람이 볼 수 있게 하는 것이죠. 즉, 누군가가 검색했을 때 내 블로그의 콘텐츠가 나타날 수 있게 하는 것입니다. 네이버 블로그를 시작하기로 마음먹었거나 이미 시작한 사람이라면 가장 궁금해하는 부분이기도 합니다.

블로그의 콘텐츠가 검색되게 하려면 네이버 검색 엔진을 잘 이해하고 사용해야 하는데, 네이버는 계속 변화하고 있습니다. 사용자들의 검색어와 연관 있는 광고성 콘텐츠가 범람하면서 양질의 콘텐츠를 우선적으로 노출하고, 광고성 콘텐츠는 잘 드러나지 않도록 하기 위한 네이버의 개선 노력이 시작되었기 때문입니다. 이러한 상황에서 계속 예전 방식으로 네이버 블로그를 운영한다면 내가 쓴 글은 영원히 검색될 수 없는 채로 남아 있을지도 모릅니다. 이것이 바로 네이버 검색 엔진에 대한 정확한 이해와 탄탄한 콘텐츠 작성법이 필요한 이유입니다. 네이버 블로그 마케팅을 제대로 알고 해야 하는 이유와도 같습니다.

이후에 더 자세히 알아보겠지만, 여기서는 먼저 최적화 블로그, C-Rank(C-랭크) 알고리즘, D.I.A.(다이아) 모델의 개념을 살펴보겠습니다. 앞으로 해야 할 모든 작업이 결국에는 이 개념들과 관련이 있기 때문입니다. 변화의 흐름부터 살펴보자면 다음과 같습니다.

▲ 변화하는 네이버 블로그 마케팅의 트렌드 흐름

최적화 블로그에 대해서는 많이 들어봤을 테지만, 이제 이 방법으로는 블로그 마케팅을 할 수 없습니다. C-Rank 알고리즘과 D.I.A. 모델이 등장하면서 네이버의 검색 알고리즘이 바뀌었기 때문입니다. 따라서 C-Rank 알고리즘과 D.I.A. 모델의 개념을 잘 이해해두어야 합니다. 용어가 낯설고 어렵게 느껴지겠지만 걱정하지 마세요. 결국엔 얼마나 더 정성스레 포스팅해야 하는지의 문제입니다. 다시 말해 얼마나 꾸준히 좋은 콘텐츠를 제작하느냐가 가장 중요하다고 보면 됩니다.

지금부터 간단히 언급할 내용은 조금 어려울 수도 있습니다. 이에 관해서는 PART 03에서 더 자세히 다룰 예정이니 여기서는 개념만 알아보고 넘어가겠습니다. 지금은 가볍게 읽어보고 나중에 필요할 때 다시 찾아 읽어보기 바랍니다.

TIP **포스팅이란?**

포스팅이란 블로그에 게시글을 작성하는 행위를 말합니다. 예를 들어 '오늘 블로그에 포스팅한다'는 '오늘 블로그에 게시글을 작성한다'라는 의미입니다. 이때 블로그에 쓴 게시글을 '포스트'라고도 하는데, 지금은 네이버에 '포스트'라는 서비스가 따로 있어서 그 서비스의 명칭으로 사용됩니다. 네이버 서비스인 포스트에 관해서는 PART 03에서 더 자세히 다룹니다.

꾸준한 포스팅이 중요한 최적화 블로그

최적화 블로그는 '검색되는 블로그'를 말합니다. 사용자가 어떤 정보를 찾을 때 그 정보가 포함된 내 블로그가 노출되면 내 블로그는 '최적화 블로그'인 것이죠. 그런데 결론부터 말하자면 현재는 이 방법이 통하지 않습니다. 왜 그런지 알아볼까요?

먼저 최적화 블로그를 만들기 위해 가장 중요하게 해야 하는 작업은 '1일 1포스팅(매일 1개 이상 블로그 게시글 작성)'입니다. 45~60일 동안 블로그에 매일 1개 이상의 게시글을 작성하면 최적화 블로그가 됩니다. 네이버에서 공식적으로 발표한 방법은 아니지만, 많은 블로거가 일반적으로 알고 있던 방법입니다.

2016년까지 최적화 블로그는 블로그 마케팅의 핵심이었습니다. 그러나 '1일 1포스팅'이 가장 중요하다 보니 예상치 못한 문제가 발생하기 시작합니다. 60일 정도 운영한 블로그를 사고파는 온라인 대행사가 생기고, 게시글의 품질보다는 '60일 동안 매일 게시글을 작성하는 것'에만 집중하게 된 것입니다. 시간만 지나면 누구나 네이버 블로그로 마케팅을 할 수 있었고, 이로 인해 광고성 콘텐츠가 범람하여 콘텐츠의 신뢰를 잃게 된 상황까지 오게 되었습니다.

45~60일 동안 매일 1개 이상 게시글 작성 → 누구나 쉽게 최적화 블로그를 만들어 블로그 마케팅 가능 → 블로그를 사고파는 행위와 광고성 콘텐츠의 범람 → 최적화 블로그 ✕

▲ 최적화 블로그가 통하지 않게 된 계기

이러한 문제를 개선하고자 네이버는 C-Rank 알고리즘과 D.I.A. 모델을 도입합니다. 무분별한 광고성 콘텐츠를 차단하겠다는 네이버의 의지가 반영된 변화라고 볼 수 있습니다.

콘텐츠의 품질이 중요한 C-Rank(C-랭크) 알고리즘

앞서 이야기했듯이 C-Rank 알고리즘은 최적화 블로그의 문제점 때문에 등장한 검색 알고리즘입니다. C-Rank 알고리즘은 특정 주제에 대해 전문성 있는 콘텐츠를 지속적으로 작성했는지 판단하여 검색 상위 노출을 결정합니다. 최적화 블로그 만들기 방법이 통했던 때처럼 매일 무작정 포스팅만 해서는 검색 상위 노출을 꾀하기가 어려워진 것입니다. 이 검색 알고리즘 덕분에 분야의 전문성을 갖춰 포스팅하는 것이 중요해졌고, 콘텐츠의 품질을 고민하게 되었습니다.

> **TIP** 검색 상위 노출과 검색 엔진 최적화란?
>
> 검색 상위 노출이란 검색했을 때 검색 결과 페이지 상단에 노출되는 것을 말합니다. 검색 결과 첫 페이지, 첫 번째 영역에 노출되는 것을 '가장 강력한 노출'이라고 표현합니다. 검색 상위 노출을 목표로 한다면, 적어도 첫 페이지에 노출되는 것이 가장 높은 목표라 할 수 있습니다. 또한 검색 엔진 최적화가 잘된 블로그는 검색 엔진이 좋아하는 블로그라는 의미입니다. 블로그 운영 기간과 특정 주제에 관해 꾸준히 포스팅한 것을 근거로 검색 엔진 최적화가 잘되었는지 판단합니다. 검색 엔진 최적화가 잘된 블로그는 게시글의 검색 상위 노출이 잘될 수 있다는 것을 의미하기도 합니다. 검색 상위 노출과 검색 엔진 최적화에 관해서는 PART 03에서 더 자세히 다룹니다.

네이버는 공식 블로그에서 C-Rank 알고리즘을 직접 소개하고, 운영 방법과 어떤 부분에 가중치를 부여하는지 등 검색 상위 노출에 관한 내용을 모두 공개했습니다. 공개한 자료(네이버 블로그팀 공식 블로그, https://m.blog.naver.com/naver_search/220774795442)를 살펴보면 C-Rank 알고리즘에 대해 "해당 블로그가 주제별 관심사의 집중도는 얼마나 되고 (Context), 생산되는 정보의 품질은 얼마나 좋은지(Content), 생산된 콘텐츠는 어떤 연쇄 반응을 보이며 소비/생산되는지(Chain)를 파악해 이를 바탕으로 해당 블로그가 얼마나 믿을 수 있고 인기 있는 블로그인지(Creator)를 계산합니다."라고 밝히고 있습니다.

다시 말해 결국에는 콘텐츠의 품질에 신경 써야 한다는 말입니다. 반드시 정보를 찾고자 하는 사람들에게 도움이 되는 콘텐츠이어야 합니다. 이전처럼 내용에 상관없이 매일 포스팅만 해서는 블로그와 블로그의 콘텐츠를 상위에 노출시키기 어렵다는 이야기죠.

방문자의 반응이 중요한 D.I.A.(다이아) 모델

D.I.A.(Deep Intent Analysis) 모델은 C-Rank 알고리즘을 보완하기 위해 등장한 검색 알고리즘입니다. C-Rank 알고리즘이 무분별한 광고성 콘텐츠를 막을 수 있다고 해도 한계는 있기 마련입니다. C-Rank 알고리즘에서 주제별 전문성을 강조하다 보니, 최적화 블로그의 문제가 또다시 발생할 수 있습니다. 블로그 콘텐츠의 품질이 중요하지만, 품질이 좋지 않은 블로그라도 전문성 있는 콘텐츠를 수록하고 있다고 인정되는 경우에는 검색 상위에 쉽게 노출된다는 점입니다.

이를 보완하는 것이 D.I.A. 모델입니다. D.I.A. 모델은 정보성과 작성자의 경험 등 다양한 요소가 반영되는데, 그중에서 제일 중요한 것이 '사용자의 반응'입니다. 범람하는 광고성 콘텐츠를 막기 위해서 '사용자의 반응을 판단해 사용자가 거부감을 느끼는 콘텐츠는 노출해주지 않겠다'는 의미로 볼 수 있습니다.

광고성 콘텐츠가 아닌 전문성 있는 콘텐츠

지금까지 설명한 것을 정리해 비교해보면 다음과 같습니다. 언뜻 보기에도 바뀐 검색 알고리즘이 블로그를 노출하기에 더 어려워졌다는 것을 체감할 수 있습니다. 더 복잡해진 것이죠.

최적화 블로그	C-Rank 알고리즘	D.I.A. 모델
45~60일 동안 매일 1개 이상 포스팅하는 것이 중요함	특정 주제에 대해 전문성 있는 콘텐츠를 지속적으로 작성하는 것이 중요함	정보성과 경험이 반영된 콘텐츠와 그 콘텐츠에 대한 방문자들의 반응이 중요함

▲ 최적화 블로그, C-Rank 알고리즘, D.I.A. 모델의 비교

복잡해 보이지만 단순하게 말하자면 네이버는 광고하는 블로그를 싫어합니다. 많은 사용자가 네이버 서비스에 광고가 너무 많다며 불만을 표했고, 네이버는 최대한 그 의견을 반영해 광고성 블로그를 걸러내려고 많은 노력을 기울이고 있습니다. 그러다 보니 천편일률적인 전통 방식으로는 절대 네이버를 속일 수가 없게 된 것뿐입니다. 검색 엔진은 점점 더 똑똑해질 것이고, 이제는 요행을 바라기보다 전문성 있고 정성스러우며 지속적인 포스팅을 준비해야 합니다.

> **TIP** 검색 노출 기준 강화
>
> 네이버는 C-Rank 알고리즘과 D.I.A. 모델을 도입한 후에도 지속적으로 검색 노출 기준을 강화하고 있습니다. 특히 스팸 및 어뷰징 문서를 막고자 페널티를 강력하게 적용하고 있죠. 참고로 기계 생성으로 의심되는 문서, 본문 내 숨겨진 키워드가 삽입된 문서, 비정상적으로 보이는 반복 요소가 삽입된 문서, 비체험 원고 문서 등을 알고리즘이 의심하는 대표 어뷰징 문서로 분류하고 있습니다. 이와 관련해 네이버 검색 블로그 NAVER Search & Tech(https://blog.naver.com/naver_search)에서 여러 차례 공지하고 있으니 한 번쯤 살펴보고 알아두면 좋습니다. 복잡하게 느껴질 수도 있겠지만, 앞서 이야기했듯이 요행을 바라지 말고 양질의 콘텐츠를 담아 포스팅하면 됩니다.

어떤 블로그를 만들 것인지 계획하고 시작하기

01 블로그의 주제와 콘셉트가 중요한 이유

네이버에 현재 활성화된 블로그는 약 1,000만 개 이상이고, 지금도 수많은 블로그가 개설되고 있습니다. 목적성을 떠나 5명 중 1명이 블로그를 운영할 정도로 대중화되어 차별성이 없는 블로그는 사람들의 시선을 사로잡기 힘든 실정입니다.

따라서 단순히 개인적인 내용을 기록하기 위한 용도의 블로그가 아니라면, 블로그를 시작하기에 앞서 주제와 콘셉트를 정하는 것은 매우 중요합니다. 주제와 콘셉트를 먼저 정하고 이에 따라 닉네임과 블로그 제목을 설정하면서 어떤 블로그를 만들지, 어떤 방식으로 운영할지 계획하는 것입니다.

네이버 블로그 홈에서 [주제별 보기] 탭을 클릭하면 다음과 같이 네이버 블로그의 주제 분류를 확인할 수 있습니다. 블로그의 주제와 콘셉트를 어떤 것으로 정해야 할지 막막하다면 제일 먼저 참고하기에 좋습니다. 분류된 주제별로 다른 블로그의 콘텐츠도 함께 참고할 수 있으니 꼭 접속해서 확인해보길 바랍니다.

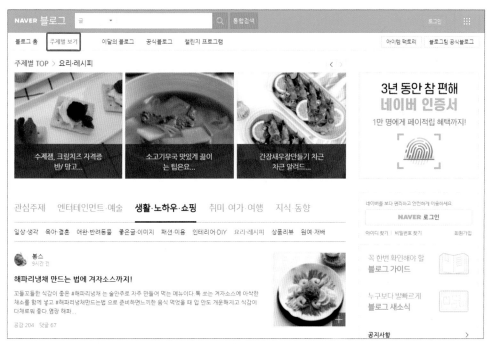

▲ 네이버 블로그 주제별 보기(https://section.blog.naver.com/ThemePost.nhn)

TIP | 네이버 블로그의 분류된 주제를 활용하려면?

로그인 후 [주제별 보기] 탭에서 4개의 대주제 아래 총 32개의 소주제를 확인할 수 있습니다. 또한 내 블로그 관리 페이지에서도 소주제 분류를 확인하고 선택할 수 있습니다. 이에 관한 자세한 내용은 PART 02에서 다룹니다.

앞서도 이야기했지만 포스트 수에 연연하여 정확한 주제나 콘셉트 없이 중구난방으로 포스팅하는 것은 검색 상위 노출에 적절한 방법이 아닙니다. 이보다는 제대로 된 하나의 주제를 선정해 전문성을 나타내는 것이 좋습니다. 명확하고 확실한 정보를 다루는 블로그들이 주목받고 있으므로 전문적인 지식과 정보를 다루는 것이 블로그 운영에 더 유리합니다.

02 블로그의 정체성을 나타내는 주제와 콘셉트 정하기

블로그의 주제와 콘셉트를 정하는 것은 블로그의 운영 방향과 성격을 결정짓는 일입니다. 전문성을 나타내는 것이 좋다고 했지만, 아무래도 처음부터 전문성을 나타내기는 어려운 것이 사실입니다. 일단 처음에는 개인 블로그를 만들 것인지 공식 블로그를 만들 것인지 먼저 결정하고, 그에 따라 주제와 콘셉트를 어떻게 설정할지 차근차근 알아보겠습니다.

개인의 활동이 콘텐츠가 되는 개인 블로그

개인 블로그는 말 그대로 개인이 운영하는 블로그입니다. 특별한 목적 없이 누구나 시작할 수 있습니다. 주제와 콘셉트, 전문성 있는 콘텐츠가 중요하다고 했지만, 어떤 콘텐츠를 다뤄야 할지 잘 모르겠다면 우선 개인 블로그로 편하게 시작할 수 있습니다. 특히 개인 블로그는 광고라는 뚜렷한 목적이 있더라도 개인의 활동이 콘텐츠가 되므로 내 일상을 보여주는 것 자체가 또 하나의 광고가 될 수 있습니다.

이를테면 내가 의류를 판매하는 온라인 쇼핑몰의 운영자라고 가정해봅시다. 개인 블로그이므로 맛집 정보나 영화 정보 등 일상의 다양한 내용을 포스팅할 수 있습니다. 그러다가 내 직업과 업무 또한 나의 일상이므로 판매하는 옷에 관련해서도 거부감 없이 포스팅할 수 있습니다. 이처럼 일상 콘텐츠는 올릴 거리가 많아서 포스팅할 콘텐츠를 선별하기가 자유롭습니다. 그리고 이렇게 포스팅하다 보면 자신의 특화된 콘텐츠를 발견할 수 있을 것입니다. 자주 포스팅하는 주제 위주로 전문성 있는 블로그로 발전할 수 있는 여지가 있습니다.

기업이나 단체에서 운영하는 공식 블로그는 아무래도 기업이나 단체의 콘셉트, 이미지 등 신경 써야 할 것이 많습니다. 개인 블로그는 그런 부분에서 상당히 편안하게 운영할 수 있는 장점이 있습니다. 또한 방문자들도 공식 블로그보다는 친근하게 생각하고 소통하려는 경향이 있습니다.

Copyright ⓒ Yujin All rights reserved

▲ 개인 블로그 예시 '유진상의 셀프네일(https://blog.naver.com/yujinlub)'

이 예시는 '네일' 분야에 특화된 블로그입니다. 일상이나 리뷰 등 다른 콘텐츠들도 포스팅하지만 중심이 되는 내용은 '네일'입니다. 다양한 콘텐츠를 다루다 보면 자신이 주로 다루는 콘텐츠가 생기기 마련입니다. 꾸준히 지속적으로 포스팅하다 보면 이렇게 자신에게 특화된 전문 분야를 찾을 수 있습니다.

블로그를 어떤 주제와 콘셉트로 운영해야 할지 잘 모를 때는 우선 개인 블로그를 만들어 무작정 포스팅해보는 것도 하나의 방법입니다. 다만 네이버는 '하나의 주제에 대해 전문성 있고 지속적으로 포스팅하는 것'을 좋아한다는 것만 잊지 마세요.

네이버에서 인정해주는 공식 블로그

공식 블로그는 기업이나 기관, 단체 등에서 공식적으로 운영하는 블로그입니다. 공식 블로그는 네이버에 직접 신청해서 인증받아야만 하며, 공식 블로그가 되면 인증 엠블럼도 표시됩니다. 네이버에서 인증해주는 공식 블로그는 관련 지식과 정보를 제공할 때 개인 블로그보다 더욱 신뢰받을 수 있습니다. 또한 개인 블로그보다는 이벤트나 상품 등을 제공하는 경우도 많아 이러한 이유로 방문자들이 많이 찾기도 합니다.

▲ 네이버 공식 블로그 소개(https://section.blog.naver.com/OfficialBlog.nhn)

다만 담당자가 바뀌거나 여러 명일 경우 담당자에 따라 포스팅 콘텐츠나 운영 방식이 바뀔 수 있습니다. 또한 포스팅의 목적 자체를 상업적 마케팅이라고 생각할 수도 있습니다. 블로그 활동 또한 이윤 창출의 연장선으로 생각될 수 있는 것입니다. 하지만 이런 점은 어떤 콘텐츠를 게시하느냐에 따라서 충분히 극복할 수 있는 문제입니다.

정리하자면 운영 목적과 방법은 다르지만 개인 블로그나 공식 블로그 모두 반드시 정보성 콘텐츠가 있어야 하고 스토리텔링을 잘하는 것이 중요합니다. 개인 블로그인가 공식 블로그인가에 상관없이 방문자를 계속 찾아오게 만드는 블로그는 방문자에게 도움이 되는 콘텐츠를 보유하고 있다는 점을 반드시 기억하길 바랍니다.

주제와 콘셉트란 무엇인가

주제와 콘셉트란 무엇일까요? 주제는 말 그대로 내가 다루기로 한 콘텐츠의 분야를 말합니다. 예를 들어 내가 '맛집 리뷰' 콘텐츠를 다루기로 했다면 그 자체가 주제가 됩니다. 그렇다면 콘셉트는 무엇일까요? '맛집 리뷰' 콘텐츠를 다루는 블로그는 아주 많습니다. 이미 수많은 구독자를 보유한 블로그도 많습니다. 그들과 차별화하기 위해 '매일 다른 지역의 맛집을 한 곳 이상 꼭 올리는 블로그'로 콘셉트를 잡는다면 어떨까요? 또는 '전국을 돌아다니며 맛집 지도를 만드는 맛집 리뷰 블로그'라면 어떨까요? 이러한 차별화 포인트가 바로 콘셉트입니다.

블로그를 시작했다면 이러한 주제와 콘셉트는 매우 중요합니다. 앞서 검색 알고리즘을 설명할 때도 이야기했지만 검색 엔진은 특정 분야의 콘텐츠를 꾸준히 발행하는 블로그를 전문가로 인식하고 상위에 노출해줍니다. 그렇지만 특정 분야의 콘텐츠를 지속적으로 발행하는 블로그는 너무 많습니다. 그래서 방문자를 사로잡으려면 '내 블로그만의 독특한 차별화 포인트'가 있어야 하는 것입니다.

블로그에 정답은 없지만 방문자를 계속 찾아오게 만드는 것은 중요합니다. 그러려면 탄탄한 스토리를 통해 차별화된 콘셉트를 가지는 것이 매우 중요하죠. 먼저 큰 주제를 선정하고, 그 주제를 다루는 다양한 블로그를 검색해봅니다. 그중에서도 나와 비슷한 콘셉트의 블로그를 벤치마킹하고, 내 블로그만의 차별화된 콘셉트를 만들어보세요.

03 주제와 콘셉트에 따라 닉네임 정하기

수많은 블로그가 계속해서 생기는 이 상황에서 자신만의 닉네임을 설정하는 것이 정말 중요합니다. 닉네임만으로도 차별화할 수 있기 때문이죠. 닉네임은 자신의 블로그의 주제와 콘셉트를 고려해 만드는 것이 좋습니다. 또한 복잡하고 어려운 단어나 외국어를 쓰는 것보다 기억하기 쉬운 한글 닉네임으로 정하는 것을 추천합니다.

거기 있어, 내가 갈게 2021.01.20.

SNS교육 강의 추천 기대를 저버리지 않는 **정진수강사**님 강의후기

제가 들었던 **정진수강사**님의 SNS교육 강의가 왜 1타강사라고 하냐면, SNS 분야의
책을 9권이나 집필하셨고, 또 인스타그램에 대한 책을 대한민국 최초로 쓴 작가이...

11

SNS국가대표 정진수강사 2020.12.18.

아듀 2020, 짐승같았던 **정진수 강사**의 2020년 회고록

사람은 역시나 적응의 동물인것 같다 강사영역이야 사실 크게 걱정하지않는점은 남
들보다 2배, 3배... 하나 **정진수강사** 유튜브 채널도 많이많이 사랑해주시길.. 그리고...

142

#정진수강사 #정진수 #2020년회고록 #회고록

아듀 2019, **정진수강사**의 2019년 회고(#정진수 #감성컴퍼니)
디지털마케팅교육 함께 하면 멀리간다! **정진수강사**

예를 들면 '강사 정진수'라는 닉네임을 사용한다면, 직업이 강사라는 것은 알겠지만 무엇을 강의하는 정진수인지는 모릅니다. 어떤 분야를 가르치는 강사인지 정확한 정보를 주는 것이 좋습니다. 'SNS 마케팅 전문 강사 정진수' 혹은 'SNS 마케팅 대통령 정진수'처럼 자신의 경력과 포지션에 따라 차별화를 주어 닉네임을 설정할 수 있습니다.

또 다른 예를 들어보겠습니다. 평범한 대학생의 소소한 일상을 주제로 블로그를 운영하려는 사람이 닉네임을 '라라'라고 설정했습니다. '라라'라는 닉네임만으로는 무엇을 주제로 운영하는 블로그인지 추측하기 어렵습니다. 이때 닉네임을 '소소한 일상을 즐기는 라라'로 정하면 일상 콘텐츠를 다루는 블로그라는 걸 방문자들이 바로 알 수 있습니다. 따라서 블로그의 닉네임은 블로그의 콘셉트와 연결시켜서 정하는 것이 좋습니다.

잘 만든 블로그
모니터링하기

01 잘 만든 블로그를 모니터링하는 이유

주제나 콘셉트를 정하기 어렵거나, 정하기는 했지만 어떻게 운영해야 할지 고민된다면 일단 초반에는 다른 블로그를 많이 보고 분석해보는 것이 좋습니다. 특히 같은 분야의 블로그를 모니터링해보고 블로그의 콘셉트와 특징을 분석하여 자신의 스타일에 맞게 운영 방법을 세워보는 것 또한 적극 추천합니다.

02 잘 만든 개인 블로그 사례

먼저 잘 만들어진 개인 블로그부터 살펴보겠습니다. 콘셉트가 분명한 블로그 위주로 선별해보았습니다. 아직 어떤 콘셉트로 블로그를 운영해야 할지 잘 모르겠다면 자세히 참고해보아도 좋습니다.

매일 아침 요리 레시피를 배달해주는 '1등 엄마's 새로운 시작'

▲ 1등 엄마's 새로운 시작(https://blog.naver.com/kika4865)

● **주제 및 콘셉트**

① **주제** | 요리 · 레시피, 일상 · 생각

② **콘셉트** | 매일 아침 7시 30분에 요리 레시피를 배달하는 블로그

③ **구독 대상** | 요리에 관심 있는 남녀노소 모두

● **특징**

① 2014년 9월에 오픈한 6년 차 블로그이며, 요리 분야에서 구독자가 상당히 많은 블로그 중 하나입니다. 구독자가 많아지면서 자연스럽게 연관검색어로 노출되었습니다.

② 매일 아침 7시 30분에 맞춰 포스팅하는 것이 이 블로그의 메인 콘셉트입니다. 이러한 독특한 콘셉트로 거의 매일 포스팅되어 구독자가 급증했습니다.

③ 누구나 손쉽게 따라 할 수 있는 요리, TV 방영 요리 등 화제 요리 위주로 포스팅합니다.

④ 음식에 관련된 리뷰 포스팅도 많으며, 구독자 수에 연연하지 않고 솔직담백하게 진정성 있는 리뷰 활동을 합니다.

⑤ 전문가 수준의 사진과 노출이 잘되는 키워드를 선정해 포스팅하는 것도 특징입니다.

화알못에게 메이크업을 알려주는 '모또 메이크업 강좌'

▲ 모또 메이크업 강좌(https://blog.naver.com/makeup_moto)

- **주제 및 콘셉트**

    ① **주제** ǀ 패션 · 미용

    ② **콘셉트** ǀ 메이크업에 관련된 뷰티 노하우를 매일 전달하는 블로그

    ③ **구독 대상** ǀ 화알못(화장을 잘 알지 못하는 사람)

- **특징**

    ① 구독자가 2만 명이 넘는 블로그이며, 블로그 꾸미기를 처음부터 끝까지 스스로 진행합니다. 블로그 기능 중 위젯을 잘 활용해 블로그 가독성과 클릭률을 높였습니다.

    ② 뷰티에 관한 내용만 확실하게 담은 블로그이고, 같은 주제로 거의 매일 포스팅합니다. 뷰티에 관련된 전반적인 내용을 초보자가 알기 쉽게 포스팅하는 것도 특징입니다.

    ③ 노출이 잘되는 키워드를 선정해 포스팅하고, 블로그를 활용한 온라인 마케팅도 함께 진행합니다.

다음은 잘 만들어진 공식 블로그 사례입니다. 공식 블로그는 신뢰할 수 있는 정보가 특징이지만, 자칫 상업적으로 느껴질 수도 있어서 전달하는 정보의 유용성이 매우 중요합니다. 이러한 특징이 있는 공식 블로그를 어떻게 풀어내어 훌륭하게 운영하고 있는지 살펴보면 매우 도움이 됩니다.

취업, 창업, 직업 정보를 소개하는 '1등 취업정보 jobsN'

▲ 1등 취업정보 jobsN(https://blog.naver.com/jobarajob)

● **주제 및 콘셉트**

① **주제** | 취업 · 창업 · 직업

② **콘셉트** | 일과 직업의 종합 매거진이며, 오랜 경력의 기자들이 취업 준비생, 직장인, 이 직 희망자, 예비 창업자를 위한 다양한 정보 제공

③ **구독 대상** | 취업 준비생, 직장인, 좋은 직장을 만들고 싶은 모든 사람

- **특징**

  ① 직업과 일은 우리의 삶과 뗄 수 없는 것이고 타인의 이야기, 내가 경험하지 못한 직업에 대한 소개 등은 많은 사람의 흥미를 유발합니다.

  ② 유망 직종, 유행 직종, 나와 잘 맞을 것 같은 직업 등 실제 사례를 통해 세상의 많은 직업을 소개합니다. 직업 및 직종에 관한 다양한 정보를 얻을 수 있습니다.

  ③ 공무원 합격 후기, 취업 성공기 등 진정성 있는 콘텐츠를 다루며, 이러한 콘텐츠를 통해 실질적인 도움을 받을 수 있습니다.

  ④ 창업에 관한 정보는 물론 실제 창업자의 이야기를 통해 창업 전 알아야 할 기본 지식이나 창업 후의 이야기 등을 접할 수 있습니다.

  ⑤ 기업 카테고리에 연재되는 콘텐츠를 통해 관심 있는 기업의 정보를 취업 또는 이직 전에 미리 습득할 수 있습니다.

  ⑥ 매거진 형식의 퀄리티 높은 콘텐츠를 볼 수 있습니다. 다양한 사례는 물론이고 상세하고 다양한 정보를 보기 쉽게 잘 정리해두었습니다.

국내 여행지를 소개하는 '[한국관광공사] 국내여행 블로그'

▲ [한국관광공사] 국내여행 블로그(https://blog.naver.com/korea_diary)

● **주제 및 콘셉트**

① **주제** | 여행

② **콘셉트** | 대한민국 구석구석에 있는 다양한 여행지를 테마 및 시즌별 소개

③ **구독 대상** | 여행에 관심 있는 모든 연령대

● **특징**

① 여행에 관련된 다양한 소식을 한눈에 확인할 수 있습니다.

② 시즌별 또는 테마별 키워드에 맞는 여행 콘텐츠를 포스팅합니다. 때때로 특정 시기에 맞는 특집 여행지를 소개해주기도 합니다.

③ 체험해볼 수 있는 여행지의 정보를 알 수 있습니다. 실제로 여행해본 사람의 생생한 체험 후기도 함께 확인할 수 있습니다.

④ 요즘 트렌드에 맞춰 SNS에서 유명한 여행지도 소개해줍니다.

⑤ 여행 코스에 대해 고민하는 사람이 많은데 이 부분을 잘 정리해두어 꾸준히 정보를 얻고 싶은 블로그라는 느낌이 들게 합니다.

⑥ 여행과 함께 빼놓을 수 없는 키워드인 '맛집'도 함께 다루고 있습니다. 지역별 여행지 맛집을 함께 소개해 구독자의 흥미를 유발합니다.

NOTE 💡 네이버 블로그 전문가의 **실전 노하우** 🔍

📋 블로그를 새로 또는 다시 제대로 시작하려는 분들께

필자가 처음 블로그 운영을 시작했을 때 포스팅한 콘텐츠들입니다. 2005년에 처음 블로그를 개설해 벌써 10년이 넘은 열다섯 살 블로그가 되었네요. 삭제한 글도 좀 있지만, 처음에는 필자도 어떻게 콘텐츠를 작성해야 하는지 몰랐고 기준을 잡고 시작하지도 않았습니다. 나중에 필자의 블로그에 방문해보면 알겠지만, 2년 내내 정말 하루도 빠짐없이 포스팅한 적도 있고 블로그가 제 전부였던 시절도 있었습니다.

여러분이 블로그를 시작하기 전에 느낄 막막함이 무엇인지 충분히 이해합니다. SNS 마케팅이나 블로그 마케팅은 정답이 없기 때문이죠. 다만 꼭 말씀드리고 싶은 것은 지금 당장 시작하라는 것입니다. 많이 준비하고 계획해도 사실 중간에 많은 변화가 생기기 마련입니다. 그러니 일단 시작해 운영하면서 융통성 있게 변화를 즐겼으면 좋겠습니다. 저도 처음에 시작할 때는 블로그와

SNS 마케팅 강사를 생각해본 적도 없습니다. 그냥 열심히 하다 보니 길이 보였고, 그 길로 열심히 달렸습니다.

시작하려는 여러분께 말씀드리고 싶습니다. 이미 이 책을 사서 보는 열정이 있고 준비를 하고 있으니 이제는 계획을 세우기보다 행동하면 됩니다. 지금은 사라진 개념이지만, 누구도 처음부터 파워블로거는 아니었습니다. 이것을 기억하길 바라며 온라인에서 여러분을 기다리고 있겠습니다.

공지	피자집창업 / 피자체인 - 피자래빗 으로 운영하세요 (5)	2020.8.30
공지	SNS 정진수강사 2020.07.10 프로필 (2)	2020.7.10
공지	아듀 2019, 정진수강사의 2019년 회고 (24)	2019.12.26

전체보기 1,374개의 글	목록닫기
글 제목	작성일
10개월 타본 아반떼 후기	2014.4.2
얼쑤스타일 (4)	2014.4.2
[공유] 항산화 화장품 홀로스 글리코 항산화 세럼	2013.10.23
갤럭시노트 2 사용후기 (10)	2012.11.8
파랑새, 10월 28일. 27번째 생일. (13)	2012.10.28
9/4일 강남 블로그2강 수업중 (7)	2012.9.4
강남 교육장에서 블로그 교육 중!! (15)	2012.8.31
공연티켓 당첨됐습니다. (1)	2012.7.24
자살 예방 캠페인 서포터즈 활동중입니다 ^^ (4)	2012.7.16
[토속촌삼계탕] 경복궁 삼계탕 맛집을 다녀와서 (11)	2012.7.17

10줄 보기 ∨

< 이전   131 132 133 134 135 136 **137** 138

한눈에 보는
요약정리

✳ 네이버 블로그, 제대로 알고 시작하기

1. 네이버는 대한민국에서 가장 많은 사람이 즐겨 찾는 검색 포털 사이트이고 여전히 우리에게 가장 익숙한 채널이다.

2. 아무리 SNS와 동영상 플랫폼이 강세라고 해도 정보를 찾는 사람들은 결국 더 자세하고 다양한 정보에 갈증을 느낀다. 블로그는 글 길이에 제한이 없고 글과 함께 이미지, 동영상, 지도 등 다양한 정보를 자유롭게 조합해 작성할 수 있어 이에 충족한다.

3. 네이버 블로그와 SNS, 동영상 플랫폼은 특성상 각 영역에서 서로 도움을 줄 수 있는 마케팅 플랫폼으로 함께 활용하기에 좋다.

4. 45~60일 동안 블로그에 매일 1개 이상의 게시글을 작성하면 최적화 블로그가 되지만, 현재는 활용할 수 없는 방법이다.

5. 최적화 블로그는 무분별한 광고성 콘텐츠가 범람하게 된 계기이고, 이를 막기 위해 C-Rank(C-랭크) 알고리즘과 D.I.A.(다이아) 모델을 도입했다.

6. C-Rank(C-랭크) 알고리즘은 특정 주제에 대해 전문성 있는 콘텐츠를 지속적으로 작성하는 것이 중요하다.

7. D.I.A.(다이아) 모델은 정보성과 경험이 반영된 콘텐츠와 그 콘텐츠에 대한 방문자들의 반응이 중요하다.

8. 네이버 블로그는 요행을 바라기보다 전문성 있고 정성스러우며 지속적인 포스팅을 준비해야 한다.

✱ 어떤 블로그를 만들 것인지 계획하고 시작하기

1. 네이버에 활성화된 블로그는 약 1,000만 개 이상이고, 지금도 수많은 블로그가 개설되고 있다. 차별성이 없는 블로그는 사람들의 시선을 사로잡기 힘들다.

2. 블로그의 주제와 콘셉트를 정하는 것은 블로그의 운영 방향과 성격을 결정짓는 일이다.

3. 개인 블로그는 개인의 활동이 콘텐츠가 되며 특별한 목적 없이 누구나 시작할 수 있다. 편안하게 운영할 수 있는 장점이 있다.

4. 공식 블로그는 기업이나 기관, 단체 등에서 공식적으로 운영하는 블로그이다. 네이버에 직접 신청해서 인증받아야 한다. 신뢰도가 높다는 장점이 있다.

5. 주제는 내가 다루기로 한 콘텐츠의 분야를 말하며, 콘셉트는 분야와 연결되는 차별화 포인트이다.

6. 블로그의 닉네임은 블로그의 콘셉트와 연결시켜서 정하는 것이 좋다.

✱ 잘 만든 블로그 모니터링하기

1. 주제와 콘셉트를 정하기 어렵거나, 정하기는 했지만 운영 방식이 고민된다면 다른 블로그를 많이 보고 분석해보는 것이 좋다.

2. 같은 분야의 블로그를 모니터링해 주제, 콘셉트, 구독 대상, 특징을 분석해보고 자신만의 운영 방식을 세워본다.

3. 공식 블로그는 신뢰할 수 있는 정보가 특징이지만, 자칫 상업적으로 느껴질 수도 있어서 전달하는 정보의 유용성이 매우 중요하다.

방문자를 사로잡는 블로그 콘텐츠 작성하기

어떤 블로그를 만들지 주제와 콘셉트를 정했다면 본격적으로 포스팅할 콘텐츠를 작성해야 합니다. PART 01에서 네이버 블로그 마케팅 트렌드와 검색 알고리즘을 제대로 알아보았다면 콘텐츠의 중요성 또한 알게 되었을 것입니다. 블로그가 검색되고 확산되기 위한 첫걸음은 정성스레 포스팅한 콘텐츠에서 출발합니다. 지금부터 다양한 방식의 콘텐츠 작성법을 알아보겠습니다.

탄탄한 콘텐츠를 위한
윤곽 설정하기

변화하는 네이버 블로그 마케팅 트렌드를 설명하면서 콘텐츠의 중요성을 거듭 강조했습니다. 특히 C-Rank 알고리즘은 전문성 있는 콘텐츠를 지속해서 작성하는 것이 중요하고, D.I.A. 모델은 정보성과 경험이 반영된 콘텐츠와 이에 대한 방문자들의 반응이 중요하다는 것을 알게 되었습니다. 따라서 잘 검색되고 확산되는 블로그로 만들려면 품질이 좋은 콘텐츠를 지속적으로 포스팅하고, 이를 통해 방문자들을 사로잡을 수 있어야 합니다.

그렇다면 대체 C-Rank 알고리즘에서 말하는 전문성 있는 콘텐츠는 무엇이고, D.I.A. 모델에서 말하는 정보성과 경험이 반영된 콘텐츠란 무엇일까요? 또한 블로그 방문자의 반응을 중요하게 생각하는 이유는 무엇일까요? 다음 내용은 네이버가 선호하는 콘텐츠의 기준입니다. 이를 살펴보며 질문에 대한 답을 알아보겠습니다.

- 신뢰할 수 있는 정보를 기반으로 작성한 문서
- 물품이나 장소 등에 대해 자신이 직접 경험해서 작성한 문서
- 다른 문서를 복사하거나 짜깁기하지 않고 독자적인 정보로서의 가치를 가진 문서
- 해당 주제에 대해 도움이 될 만한 충분한 길이의 정보와 분석 내용을 포함한 문서
- 읽은 사람이 북마크하고 싶고 친구에게 공유/추천하고 싶은 문서
- 네이버 랭킹 로직을 생각하며 작성한 것이 아닌 글을 읽는 사람을 생각하며 작성한 문서
- 글을 읽은 사용자가 쉽게 읽고 이해할 수 있도록 작성한 문서

※ 자료 출처 : 네이버 다이어리(https://blog.naver.com/naver_diary/150153092733)

검색 알고리즘은 계속 변화하지만, 네이버가 선호하는 콘텐츠의 기준은 변하지 않습니다. "네이버 랭킹 로직을 생각하며 작성한 것이 아닌"이라고 밝히고 있는 것처럼 의도적으로 검색 상위 노출을 노리며 작성한 콘텐츠 또는 광고성 콘텐츠는 선호하지 않습니다. 네이버가 선호하지 않는 콘텐츠는 검색 알고리즘에도 계속 반영되므로 검색에도 노출되지 않습니다. 콘텐츠를 접한 방문자가 부정적인 반응을 보일 수 있기 때문이죠.

다시 말해 방문자의 긍정적인 반응을 이끌어낼 수 있는 콘텐츠가 곧 네이버가 선호하는 콘텐츠입니다. 앞서 말했듯이 작성자의 경험이 반영되고 정보를 줄 수 있는 콘텐츠, 전문성 있는 콘텐츠이어야 합니다. 이 기준을 다시 정리해보면 다음과 같습니다.

전문성 있는 콘텐츠	정보성과 경험이 반영된 콘텐츠
• 신뢰할 수 있는 정보 • 다른 곳에 없는 독자적인 정보	• 직접 경험한 정보 • 도움이 되는 충분한 분석 정보

방문자의 긍정적인 반응
• 쉽게 읽고 이해할 수 있다 • 정말 도움이 되고 신뢰할 만하다 • 북마크, 공유, 추천하고 싶다

▲ 네이버가 선호하는 콘텐츠의 기준

이 기준에 따라 앞으로 블로그에 포스팅할 콘텐츠는 나의 일상을 다룬 이야기일 수도 있고, 제품이나 서비스에 대한 후기일 수도 있고, 전문적인 지식을 전달하는 콘텐츠일 수도 있습니다. 개인 블로그를 운영하든 기업이나 단체의 공식 블로그를 운영하든 콘텐츠가 될 수 있는 것은 무궁무진합니다. 그런데 어떤 콘텐츠가 되었든 아무런 계획 없이 무작정 작성하려면 막막하기만 할 것입니다. 여기서 제시하는 방법은 다음과 같이 콘텐츠의 윤곽을 설정해보는 것입니다.

1. 블로그를 운영하는 목적 정하기
2. 블로그 운영을 위한 목표 세우기
3. 콘텐츠를 읽을 타깃 선정하기
4. 포스팅하려는 콘텐츠의 소재 찾기
5. 읽고 싶고 궁금해지는 제목 만들기

블로그를 운영하는 목적부터 콘텐츠 작성의 시작인 제목 만들기까지, 콘텐츠를 작성하기 위한 계획을 먼저 세우면 탄탄한 콘텐츠를 작성하기가 훨씬 수월해집니다. 지금부터 소개하는 내용을 살펴보며 어떤 콘텐츠를 작성할지 대략 구상해보기 바랍니다.

01 블로그를 운영하는 목적 정하기

제일 먼저 해야 할 일은 블로그를 왜 운영하는지 '목적'을 정하는 것입니다. PART 01에서 블로그의 주제와 콘셉트를 정하는 것은 앞으로의 블로그 운영 방향과 성격을 결정짓는 일이라고 했습니다. 블로그의 운영 목적을 정하는 것 또한 블로그의 운영 방향과 성격을 결정짓는다는 점에서 주제와 콘셉트를 정하는 일과 비슷합니다. 블로그의 정체성을 명확히 하는 일이라는 점에서 운영 목적, 주제, 콘셉트를 모두 하나로 연결해서 생각할 수 있습니다. 또한 블로그의 정체성은 곧 콘텐츠의 방향이기도 합니다.

예를 들어 개인 블로그라면 내 일상의 다양한 모습을 공유하고 소통하는 '개인 브랜딩'을 블로그 운영 목적으로 삼을 수 있습니다. 또는 취미나 관심사에 대한 정보를 공유하는 등 특정 주제에 특화된 '분야 전문성'을 블로그 운영 목적으로 삼을 수도 있습니다. 공식 블로그라면 내가 속한 기관이나 단체, 사업 등을 알리는 '홍보'가 블로그 운영 목적이 될 수 있고, 제품, 서비스 등의 판매를 도모하는 '마케팅'이 블로그 운영 목적이 될 수도 있습니다.

분류	운영 목적	주제(분야)	콘셉트
• 개인 블로그 • 공식 블로그	• 개인 브랜딩 • 분야 전문성 • 홍보, 마케팅 ⋮	• 일상 · 생각 • 공연 · 전시 • 상품 리뷰 ⋮	같은 주제라도 경쟁력 있는 콘텐츠가 되기 위한 차별화 포인트

▲ 분류, 운영 목적, 주제, 콘셉트 정하기

분류, 주제, 콘셉트에 관해서는 PART 01에서 이미 상세히 설명했습니다. 잘 기억나지 않는다면 다시 되돌아가 읽어보고, 이에 더해 지금 설명한 블로그 운영 목적까지도 생각해보길 바랍니다. 일단 블로그 운영 목적을 정하고 나면 블로그 운영 목표, 방문자 타깃, 콘텐츠의 세부 내용까지 차례차례 손쉽게 구상할 수 있습니다.

이러한 과정 없이 무작정 블로그에 접속해 무언가를 포스팅하는 일은 당연히 막막할 수밖에 없습니다. 막막함을 느끼면 블로그를 시작하기도 전에 포기할 가능성이 큽니다. 다시 말해 블로그 운영 목적을 정하는 일은 블로그와 콘텐츠의 방향을 명확히 하는 일이자, 지치지 않고 지속적으로 포스팅할 수 있는 계기가 되기도 합니다. 어떤 방향의 콘텐츠를 왜 작성하는지 명확한 목적이 생겨 막막함이 덜어지기 때문이죠.

두 블로그 사례를 통해 블로그 운영 목적을 어떻게 설정해야 하는지 좀 더 자세히 알아보겠습니다. 블로그 운영 목적에 대해 아직 감이 잘 오지 않는다면 주의 깊게 살펴보세요.

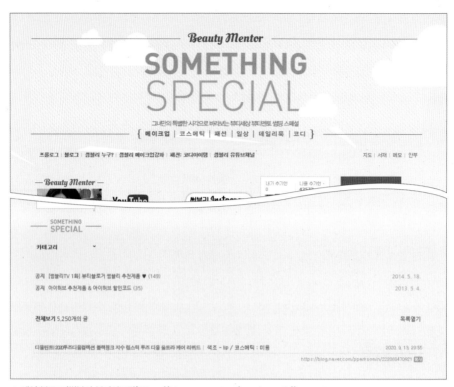

▲ 개인 블로그 '썸블리 뷰티시크릿(https://blog.naver.com/pparksomin)'

먼저 살펴볼 블로그는 패션·미용 주제를 다루는 개인 블로그 '썸블리 뷰티시크릿'입니다. 이 블로그는 메이크업, 화장품, 패션 정보 등 뷰티 관련 분야 전문성이 뚜렷합니다. 여행이나 맛집 리뷰 등 자신의 일상도 함께 공유하고 있지만, 가장 중심이 되는 것은 '패션·미용' 주제의 콘텐츠입니다. 이러한 전문성 덕분에 검색으로 유입되는 방문자도 있지만 '썸블리' 자체를 검색하거나 구독해 유입하는 방문자가 더 많습니다.

이처럼 개인 블로그는 대부분 특정 주제의 콘텐츠 또는 일상 공유 콘텐츠가 대부분인데, 중점적으로 다루는 주제가 무엇이냐에 따라 두 분류로 나뉩니다. 특정 주제의 콘텐츠를 중점적으로 다루는 경우는 앞서 예시로 보여준 '썸블리 뷰티시크릿' 블로그와 같은 경우입니다. 일상 공유 콘텐츠를 중점적으로 다루는 경우 자신의 생활에 따라서 방문하는 곳, 사용하는 물건, 요즘 관심 있는 미디어 콘텐츠 등 소재가 매우 다양하며 하나의 주제로만 엮이지는 않습니다.

일상 공유 콘텐츠는 특정 주제의 콘텐츠에 비해 경쟁력이 없을 것 같지만 꼭 그런 것도 아닙니다. C-Rank 알고리즘의 '전문성 있는 콘텐츠'가 특정 주제의 콘텐츠라면, D.I.A. 모델의 '정보성과 경험이 반영된 콘텐츠'는 일상 공유 콘텐츠라고 할 수 있습니다. 때에 따라서는 일상에서 직접 경험한 것이 오히려 더 신뢰할 수 있고 방문자의 긍정적인 반응을 이끌어내는 정보가 됩니다. 또한 포스팅한 콘텐츠가 쌓일수록 콘텐츠를 여러 특정 주제로 묶을 수 있고, 전문성 있는 콘텐츠로 발전할 여지도 있습니다.

꼭 특정 주제의 콘텐츠나 일상 공유 콘텐츠로 나누지 않아도, 개인 블로그는 다양한 목적을 정할 수 있습니다. 프리랜서나 자영업자라면 일상 중에서도 일하는 모습이나 고객과의 스토리 등을 전달하며 자연스러운 홍보 또는 판매 도모의 목적으로 활용할 수 있습니다. 학생이나 취업 준비생, 직장인이라면 개인 브랜딩, 포트폴리오, 자기계발의 목적으로 블로그를 활용할 수도 있습니다.

대부분의 개인 블로그는 다양한 콘텐츠가 공존하는 경우가 많습니다. 어디에 중심을 두고 시작할지만 생각하면 됩니다. 목적과 중심이 되는 콘텐츠를 명확히 해둔다면 최소한 어떤 콘텐츠를 작성해야 할지 막막하지는 않을 것입니다.

▲ 공식 블로그 '성남 다이어리(http://blog.naver.com/sntjdska123)'

다음으로 살펴볼 블로그는 성남시의 공식 블로그 '성남 다이어리'입니다. 이 블로그의 목적은 성남시의 소식을 알리는 것입니다. 성남시에 관한 다양한 정보와 소식을 제공하는데, 공공기관의 공식 블로그지만 무겁지 않고 편안하게 소통하는 것이 특징입니다. 단순히 소식을 알리려는 목적도 있겠지만, 시민들에게 친근하게 다가가고 가까이에서 소통하기 위한 목적이 더 큽니다. 따라서 시민 친화적으로 블로그를 운영하고, 도움이 될 만한 정보를 전달하려고 노력합니다.

여기서 알 수 있는 것은 공식 블로그의 특징을 잘 이해하고 목적을 설정해야 한다는 점입니다. 일단 공식 블로그를 운영하기로 했다면 대부분의 목적은 홍보, 마케팅, 브랜딩일 것입니다. 공식 블로그를 그저 재미로만 운영하는 곳은 없습니다. 그런데 기업이나 공공기관, 단체의 블로그는 보통 상업적인 광고를 많이 하며 재미없고 딱딱하다고 인식되기 쉽습니다. 방문자에게 필요한 정보를 주는 것이 아니라 방문자에게 주고 싶은 정보만 준다고 느끼게 하는 것입니다. 그러므로 반드시 유용한 정보도 함께 제공해야 함을 잊지 말아야 합니다. 일방적인 홍보성 콘텐츠 전달이야말로 제일 피해야 합니다.

또한 공식 블로그의 특징을 살려 방문자의 구미를 당길 만한 이벤트를 진행하거나 '성남 다이어리' 블로그처럼 시민 SNS 기자단을 운영하는 것도 하나의 방법입니다. 이러한 방법을 통해 기업이나 단체에 관심 있는 방문자의 참여를 유도하면서 소통한다고 느끼게 하고, 자연스럽게 홍보 및 마케팅의 목적도 이룰 수 있습니다.

TIP 공식 블로그를 신청하려면?

공식 블로그는 네이버 고객센터(http://bit.ly/33bO7MD)에서 신청할 수 있습니다. 공식 블로그 대상 및 기준, 신청 제한 기준 등이 엄격하므로 꼼꼼하게 읽어보고 신청해야 합니다. 또한 사업자등록증이나 고유번호증 등 증빙 서류를 반드시 제출해야 하고, 공식 홈페이지에 블로그로 연결되는 링크나 배너도 게시되어 있어야 합니다.

블로그	블로그 > 공식 블로그 > 공식 블로그 등록 신청	
< 공식 블로그		
공식 블로그 소개	제목	업데이트
공식 블로그 대상 및 기준	**공식블로그 등록 신청**	2018.05.07
공식 블로그 신청 제한 기준		
공식 블로그 등록 신청 ▶	공식 블로그 대상 및 기준에 해당하는지 먼저 확인해 주세요!	
공식 블로그 신청 반려 주요 사유		

블로그 운영 목적을 정했다면 다음으로는 블로그 운영을 위한 '목표'를 세워야 합니다. 운영 목적이 어디로 갈지 정하는 것이라면, 운영 목표는 어떤 길로 가야 할지 정하는 것입니다. 목적과 목표는 이렇게 이해하면 더 쉽습니다. 여기서 말하는 '목적'이란 도달해야 하는 최종 지점이고 '목표'는 최종 지점으로 가기 위한 길이나 방법입니다. 블로그 운영 목적과 마찬가지로, 목표 또한 지치지 않고 지속적으로 콘텐츠를 작성할 수 있도록 동기를 부여하는 역할을 합니다. 아무래도 반드시 해야 하는 일이라고 인식하고 있으면 중간에 포기할 가능성이 줄어드는 것입니다.

하나로 정해야 하는 블로그 운영 목적과 달리 목표는 목적에 도달하기 위해 여러 가지로 정할 수 있습니다. 그러나 너무 많은 목표는 오히려 부담스러울 수 있으므로 지양해야 합니다. 적당히 두세 가지 정도의 목표를 설정하면 적절한 동기 부여가 됩니다.

예를 들어 기업의 공식 블로그를 운영하고 있고 제품 마케팅이 운영 목적이라면 목표는 '매주 수요일 제품 활용법 공개'로 정할 수 있습니다. 이와 더불어 '격주로 제품 개발팀 심층 인터뷰' 등 여러 목표를 함께 설정할 수도 있습니다. 또는 개인 블로그를 운영하고 있고 여행 관련 콘텐츠 공유가 운영 목적이라면 '주말마다 지역별 테마 여행지 소개'를 목표로 정할 수도 있습니다. 이외에도 '토요일마다 일상 공유하기'와 같이 단순한 목표를 정할 수도 있습니다.

▲ 목적을 달성하기 위한 목표 설정 예시

어떤 목표를 세워야 할지 아직 감이 잘 오지 않는다면 네이버에서 제공하는 챌린지 프로그램에 참여해보는 것도 좋습니다. 네이버 챌린지 프로그램은 네이버 블로그 홈의 [챌린지 프로그램] 탭에서 확인할 수 있습니다. 'HOT TOPIC 도전'과 '블로거, 영화를 말하다', '목표달성! 미션위젯'까지 세 가지 프로그램이 있는데 하나씩 살펴보겠습니다.

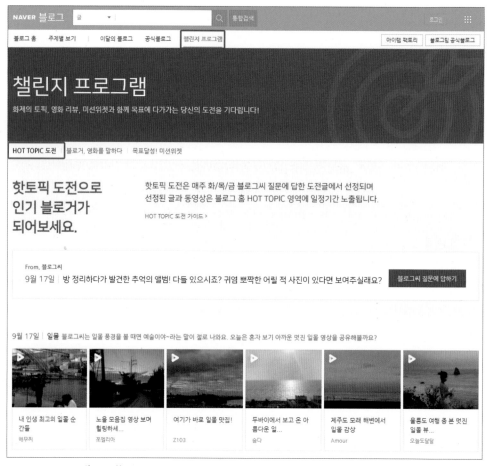

▲ HOT TOPIC 도전(https://section.blog.naver.com/HotTopicChallenge.nhn)

'HOT TOPIC 도전'은 매주 화, 목, 금 블로그씨 질문에 답한 도전글 중 선정됩니다. 또한 선정된 글과 동영상은 네이버 블로그 홈의 핫토픽 영역에도 일정 기간 노출됩니다. 핫토픽 영역에 노출된 콘텐츠는 네이버 메인 페이지에 소개되거나 검색에 노출될 가능성도 높아지겠죠?

> **TIP** 블로그씨를 활용하려면?
>
> 블로그씨는 'HOT TOPIC 도전'의 [블로그씨 질문에 답하기]를 클릭하면 바로 포스팅할 수 있습니다. 블로그씨 질문을 내 블로그에서 항상 확인하려면 블로그 관리 페이지의 [메뉴·글·동영상 관리]−[글배달]−[블로그씨 질문] 메뉴를 설정합니다. 자세한 설정 방법은 PART 04에서 설명하니 참고하길 바랍니다.

HOT TOPIC 도전 　**블로거, 영화를 말하다**　목표달성! 미션위켓

당신의 영화 이야기를 들려주세요.

전월에 3편 이상 연재하신 분 중 선정하여 다음 달 블로그 홈 '도전! 핫토픽'에 소개합니다.

참여방법 영화리뷰 연재하기 가이드▶

1 영화리뷰 연재하기 버튼을 통해 리뷰를 연재할 카테고리를 지정해주세요

2 연재를 지정한 카테고리에 매월 3편 이상 영화리뷰를 꾸준히 작성해주세요.

3 설정정보, 영화로 글보내기를 체크한 후 리뷰를 등록하시면 완료!

영화리뷰 연재하기

연재 중인 영화 리뷰

나쁜 녀석들 : 포에버
나쁜 녀석들 : 포에버(2020) 리뷰, 줄거리, 결말 포함(스…
나쁜 녀석들 : 포에버 감독 아딜 엘 아르비, 빌랄 팔라 출연 마틴 로렌스, 윌 스미스 개봉 2020.01.15. 미국 리뷰보기…
레몬 담배 2020. 9. 12.

패딩턴
패딩턴(2014) 집찾고 만들어준 아이곰 패딩턴, 겨울가족…
패딩턴 감독 폴 킹 출연 벤 위쇼, 니콜 키드먼, 휴 보네빌, 샐리 호킨스, 사무엘 조슬린, 매들린 해리스, 줄리 월…
Mooi 2020. 9. 12.

▲ 블로거, 영화를 말하다(https://section.blog.naver.com/MovieChallenge.nhn)

'블로거, 영화를 말하다'는 영화 리뷰에만 한정된 포스팅이긴 하지만, 잘만 활용하면 영화 리뷰 분야의 전문성 있는 콘텐츠를 쌓을 수 있습니다. [영화리뷰 연재하기]를 클릭해 연재할 카테고리를 지정하고 영화 리뷰를 포스팅합니다. 그리고 반드시 지정한 카테고리에 매월 세 편 이상 영화 리뷰를 작성하고, [설정정보]의 [영화로 글 보내기]에 체크해야 합니다. 참고로 이 챌린지 프로그램은 스마트에디터 2.0으로만 참여할 수 있습니다.

**미션위젯으로
나의 도전 목표를
기록하세요.**

연재일에 따라 미션위젯이 채워지고 미션위젯이 채워질수록 여러분의 목표에 가까워집니다.

참여방법

1 미션위젯 연재하기 버튼을 통해 목표 분야의 위젯을 설치하세요.
2 연재할 카테고리를 선택하고 구체적인 도전 목표를 등록하세요.
3 내 블로그에 설치된 위젯으로 연재 현황을 확인하면서 목표를 달성해보세요!

미션위젯 연재하기 ∨

마스터 위젯
마스터하고 싶은 테마를 정하고 글을 연재하세요.

💡 해외생활
✎ 공부
👪 좋은 부모
💻 업무/커리어
📋 나만의 테마

100일 위젯
100일간 도전할 목표를 정하고 글을 연재하세요.

⚖ 다이어트 100일
🏃 헬스/운동 100일
🐷 절약 100일
📅 내 인생의 100일
📝 나만의 실천 100일

스크랩 글은 적용되지 않으며 전체공개 및 검색허용으로 설정된 글에만 해당됩니다.

▲ 목표달성! 미션위젯(https://section.blog.naver.com/WidgetChallenge.nhn)

마지막으로 세 가지 프로그램 중에서 가장 추천하는 챌린지 프로그램 '목표달성! 미션위젯'입니다. 이 챌린지 프로그램은 해당 주제에 관한 포스팅을 꾸준히 할 수 있도록 도와줍니다. 특히 위젯을 통해 목표를 얼마나 달성했는지 시각적으로 볼 수 있다는 것이 가장 큰 장점입니다. 다음과 같이 다른 사람이 포스팅한 콘텐츠를 참고해도 좋습니다. 도전 일자와 글의 개수도 함께 확인할 수 있습니다.

마스터 위젯   100일 위젯

전체   다이어트 100일   헬스/운동 100일   절약 100일   내 인생의 100일   나만의 실천 100일

미라클 모닝 : 도전 620일 · 글 7	허브 마실의 정상화를 위하여 : 도전 76일 · 글 53
엄마의 일탈 (feat. 퇴근길)	**오래 된 돌담 보수 공사/ 초록 꼬물이들**
작은 휴대폰 화면에 자음과 모음을 빠르게 누른다. 일이 손에 잡히지 않아 마침 갈 퇴근을 한다...	요즘 화창한 하늘 보는게 왜 이렇게 어려운지..오늘도 오락가락하는 비 때문에 많이 축축하다. 어...
초© · 2020. 9. 18.	해바랑 · 2020. 9. 18.
매일 나만의 계획 세우고 실천 : 도전 75일 · 글 74	운동똥 : 도전 5일 · 글 4
가을이다...	**운동똥 4일 차 - 운동똥아니구 그냥 똥**
#매일 계획세우고 실천하기첫번째 : 스트레칭하기, 계단이용하기두번째 : 인강듣기세번째 : 소식...	20.09.17 목요일봉산에서 친구 올라와서 급하게 반차 쓰구 친구 만나기로~그 전에 미루고 미...
가득드림 · 2020. 9. 18.	꽃돼지옥 · 2020. 9. 18.

▲ [마스터 위젯]과 [100일 위젯]의 포스팅된 콘텐츠

[미션위젯 연재하기]를 클릭하면 [마스터 위젯] 또는 [100일 위젯]의 세부 주제를 선택할 수 있습니다. 세부 주제를 선택하면 다음과 같은 대화상자가 나타나는데, 기존의 카테고리나 새 카테고리를 연재 카테고리로 지정할 수 있습니다. 비공개 카테고리나 이미 다른 도전을 연재 중인 카테고리는 지정할 수 없습니다. [도전 목표]에는 선택한 도전에 따른 나만의 제목을 입력합니다.

▲ [미션위젯] 생성하기

[확인]을 클릭하면 다음과 같은 위젯이 자동으로 내 블로그에 추가됩니다. 위젯을 삭제하면 연재도 자동 중단됩니다. 연재할 때마다 위젯의 칸이 채워지니 이를 위해서라도 꾸준히 포스팅하게 됩니다. 또한 도전에 성공했을 때의 성취감과 기쁨은 말로 표현할 수 없을 것입니다. 참고로 연재 포스팅은 반드시 [공개 설정]을 [전체공개]로 설정하고, [발행 설정]을 [검색허용]으로 설정해야만 위젯에 체크되니 유의하세요.

◀ [절약 100일 위젯]과 [공부 마스터 위젯]

TIP 위젯을 설정하려면?

위젯은 블로그 관리 페이지의 [꾸미기 설정]–[디자인 설정]–[레이아웃 · 위젯 설정] 메뉴에서 설정할 수 있습니다. 위젯 설정 방법은 PART 04에서 실습을 통해 자세히 설명하니 참고하세요.

지금까지 블로그 운영 목적에 도달하기 위한 목표 설정 방법을 알아보았습니다. 그런데 여기서 반드시 기억해야 할 점은 큰 목표보다 작은 목표가 더 중요하다는 것입니다. 또한 목표는 반드시 구체적이어야 하며 목표를 통해 이루고자 하는 결과가 명확해야 합니다. 처음부터 '매일 3개씩 포스팅하기'와 같이 너무 모호하고 무리한 목표를 세우면 금세 포기하게 될지도 모릅니다. '일주일에 하나씩 한 달 동안 맛집 리뷰하기'와 같은 작은 목표부터 차근차근 도전해보세요. 작은 성취는 큰 성취를 이끌어내는 원동력이 되므로 꼭 기억하길 바랍니다.

NOTE 네이버 블로그 전문가의 **실전 노하우**

🗐 '파워블로그'와 '이달의 블로그' 알아보기

예전에는 네이버에 '파워블로그' 제도가 있었습니다. 파워블로그는 수많은 블로거의 운영 목적이었고, 파워블로그가 되기 위한 목표를 세우곤 했습니다. 하지만 2014년을 마지막으로 네이버는 더 이상 파워블로그를 선정하지 않습니다.

현재 네이버는 '이달의 블로그' 제도를 운영하고 있고, 이달의 블로그는 32개의 주제 중 매월 4~6개의 주제를 선정해 해당 주제의 콘텐츠를 중심으로 최대 20개의 블로그를 선정합니다. 여기에 소개된 블로그에는 약 한 달간 유지되는 블로그 엠블럼이 제공됩니다. 자세한 내용은 네이버 고객센터(http://bit.ly/2lw14Zv)를 참고해보세요.

매월 새로운 주제로 찾아오는 이달의 블로그! 블로그 세상 속 다양한 이야기들을 만나보세요!

2020년 9월 ▾   공연 · 전시   드라마   인테리어 · DIY   스포츠   어학 · 외국어   원예 · 재배   ⋮

보고 싶은 주제가 있거나 나만 알고 있기 아까운 블로그가 있다면 추천해주세요! 추천하기 〉

공연 · 전시 16

cindy   + 이웃
신디의 박물관여행 Museum Journey
디자인을 담당하는 뮤지엄 큐레이터의 박물관, 전시, 디자인 여행의 깨알같은 기록들. "저의 보물 …

Xiamen/중국 객가족의 독특한 집합주택 토루 -사…

2020 Starry Beach by a'strict 에이스트릭트 첫…

Seoul/ 서소문성지 역사박물관 -한국(서울)

이달의 블로그는 다음과 같이 네이버 검색을 통해서도 확인해볼 수 있습니다.

N   **이달의 블로그**   ⌨ ▾   Q

통합   VIEW   이미지   지식iN   동영상   쇼핑   뉴스   실시간검색   어학사전   · · ·   검색옵션 ⌃

정렬 ▾   기간 ▾   영역 ▾   옵션유지 ◐   상세검색 ▾

이달의 블로그

만화·애니
IT·컴퓨터
사진

아이씨 I SEE
이웃 1,568

엑셀의신...
이웃 1,266

또해봐
이웃 2,370

솔까무
이웃 2,049

코난
이웃 4,720

블로그 운영 목적과 운영을 위한 목표를 정했다면 다음으로는 블로그에 방문해 콘텐츠를 읽을 타깃을 정해야 합니다. 방문자 타깃이 구체적으로 정해지면 콘텐츠의 방향을 더욱 명확히 할 수 있습니다. 같은 콘텐츠라도 읽는 대상에 따라 중점적으로 다룰 내용이나 표현 방법 등이 달라질 수 있기 때문입니다. 또한 여기서 주력 방문자 타깃을 정해두면 이후에 제목이나 상세 내용의 키워드를 선정할 때도 참고하기 좋습니다.

다음은 네이버 광고의 [키워드 도구]를 활용한 연관키워드 조회 결과와 검색수 및 클릭률입니다. 각 키워드를 클릭하면 월별 키워드 검색수 추이, 성별과 나이대에 따른 사용자 통계도 확인할 수 있습니다. [키워드 도구] 활용법은 PART 03에서 더 상세히 다룰 예정이니 여기에서는 우선 방문자 타깃을 선정하기 위한 참고 자료로만 봐두세요.

> **TIP** [키워드 도구]는 유료 서비스인가요?
>
> 키워드 광고를 집행하는 것은 유료이지만, [키워드 도구] 자체는 가입만 하면 누구나 무료로 이용할 수 있습니다. 자세한 방법은 PART 03을 참고하길 바랍니다.

▲ 네이버 광고(https://searchad.naver.com/)의 [키워드 도구]

한 가지 예를 들어보겠습니다. 내가 수제 캔들 제작 공방을 운영하고 있고, 이에 관한 정보를 제공하는 블로그를 운영하고 있다고 가정해봅니다. 캔들 관련 정보를 제공하는 블로그는 과연 어떤 방문자를 타깃으로 삼아 콘텐츠를 작성해야 할까요? [키워드 도구]를 활용하면 적어도 성별이나 나이대에 따른 타깃을 선정할 수 있습니다. 조회한 키워드를 클릭해보면 다음과 같은 사용자 통계를 확인할 수 있습니다.

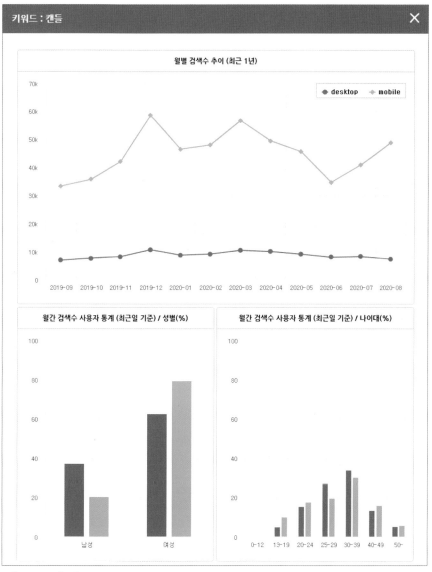

▲ [키워드 도구]를 활용한 검색수 추이와 사용자 통계 예시 ①

성별에 따른 사용자 통계를 보면 남성보다 여성의 검색 비율이 훨씬 더 높은 것을 알 수 있습니다. 이 통계를 보고 무작정 일반화하기는 어렵지만, 적어도 내 블로그에 검색 유입이 발생한다면 여성의 비율이 더 높을 것이라고 예상할 수 있습니다. 또한 나이대로는 20대와 30대의 비율이 높은 편입니다.

결과를 바탕으로 이에 따라 포스팅할 콘텐츠의 약 70% 정도는 20~30대 여성을 타깃으로 작성하면 어떨까요? 캔들 관련 정보뿐만 아니라 20~30대 여성 방문자들이 관심을 가질 만한 콘텐츠도 함께 포함하는 것입니다. 블로그에 유입된 방문자의 비율이 실제 이 통계와 비슷하다면 이와 같은 타깃 선정을 통해 좀 더 많은 방문자를 블로그에 더 머물게 할 수 있습니다.

그렇지만 이 통계의 경우 남성의 검색 비율 또한 20~40%에 달하므로 주력 타깃은 여성으로 삼지만, 확장 타깃은 남성으로 삼을 수도 있습니다. 이에 따라 나머지 30% 정도는 남성을 타깃으로 작성합니다. 이렇게 주력 타깃, 확장 타깃에 따라 포스팅할 콘텐츠 비율을 나눠두면 콘텐츠를 효과적으로 작성할 수 있습니다.

> **TIP** **[키워드 도구]는 정확한가요?**
>
> [키워드 도구]는 사용자 정보가 확인된 검색만 집계합니다. 즉, 사용자 정보가 확인되지 않은 검색은 반영되지 않으니 이를 유의해 활용해야 합니다. 또한 사용자 통계는 일정 수준 이상의 검색수가 있는 키워드만 제공합니다.

예를 하나 더 들어보겠습니다. 내가 헬스용품 판매점을 운영하고 있고, 이에 관한 정보를 제공하는 블로그를 운영하고 있다고 가정해봅시다. 마찬가지로 [키워드 도구]를 활용해 성별과 나이대에 따른 사용자 통계를 살펴봅니다. 이번에는 남성의 검색 비율이 거의 전부라고 할 수 있을 정도로 차이가 납니다. 이때는 남성만을 타깃으로 콘텐츠를 작성해도 무방합니다.

만약 이러한 통계를 활용하지 않고 짐작만으로 콘텐츠를 작성한다면 어떤 결과가 나타날까요? 여성이 헬스용품에 대한 관심을 더 많이 가질 것이라 예측하고 여성을 타깃으로 꾸준히 콘텐츠를 작성한다면 어떨까요? 결과는 안 봐도 뻔합니다. 내가 포스팅한 콘텐츠는 클릭을 유발하지 못할 것이고, 클릭했다 하더라도 자신을 위해 작성한 콘텐츠가 아니라는 느낌을 받아 블로그에 더 머물지 않을 것입니다. 이제까지 타깃을 떠올리며 콘텐츠를 작성하는 것이 얼마나 중요한지 알아보았습니다.

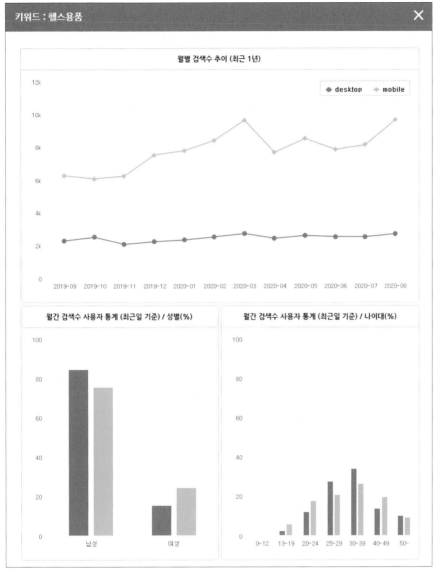

▲ [키워드 도구]를 활용한 검색수 추이와 사용자 통계 예시 ②

앞서 설명한 것처럼 마케팅 등을 위해 꼭 정확한 타깃을 설정해야 하는 것이 아니라면 방문자 타깃은 임의로 자유롭게 정해도 됩니다. 방문자 타깃을 누구로 정하든 타깃에 따른 콘텐츠의 방향만 명확하면 됩니다.

만약 일상 공유 콘텐츠를 다루는 블로그라면 단순히 나와 같은 성별과 내 또래 연령대를 타깃으로 삼을 수도 있습니다. 거듭 말하지만 제일 중요한 것은 '읽는 사람을 얼마나 생각하고 작성했는가'입니다. 내 블로그에 방문해 콘텐츠를 읽을 타깃이 누구일지 유추하는 일은 콘텐츠를 정성스레 작성하는 방법 중 하나입니다. 읽는 사람 또한 분명히 작성자의 의도와 노력을 느낄 수 있을 것입니다.

방문자 타깃을 정하는 일은 어렵게 느껴지지만 이렇게 생각하면 단순합니다. 내가 작성한 콘텐츠를 누가 읽어주었으면 좋을 것 같나요? 너무 어렵게 생각하지 않아도 됩니다. 다만 방문자 타깃과 제공하는 콘텐츠의 방향이 일치해야만 방문자를 내 블로그에 좀 더 머물게 할 수 있다는 점을 꼭 기억하세요.

04 포스팅하려는 콘텐츠의 소재 찾기

지금까지 블로그 운영 목적, 목표, 타깃 등의 큰 틀을 정했고, 이를 통해 내가 어떤 콘텐츠를 작성할지 대략 떠올려보았습니다. 이제는 본격적으로 블로그에서 [글쓰기]를 클릭해 작성하게 될 콘텐츠의 내용을 구성할 차례입니다. 제일 먼저 해야 할 일은 주제와 콘셉트에 따른 콘텐츠의 소재를 찾는 일입니다. 소재를 찾기 전에 내 블로그의 주제와 콘셉트를 다시 살펴보겠습니다.

네이버 블로그 홈의 [주제별 보기] 탭을 클릭하면 다음과 같은 페이지를 확인할 수 있습니다. 이 페이지에서는 네이버 블로그의 주제 분류뿐만 아니라 주제에 따른 포스팅 콘텐츠도 함께 확인할 수 있습니다. 다른 블로그에 포스팅된 콘텐츠를 통해 소재를 얻을 수도 있으니 접속하여 자주 살펴보면 좋습니다.

▲ 네이버 블로그의 주제별 보기(https://section.blog.naver.com/ThemePost.nhn)

여기서 [관심주제] 탭 아래의 ⚙을 클릭하면 네이버 블로그의 주제 분류 전체를 확인할 수 있습니다.

> **TIP** 주제 분류 전체를 확인하려면?
>
> 네이버 블로그의 주제 분류 전체를 확인할 수 있는 ⚙은 네이버에 로그인했을 때만 나타나므로 반드시 로그인한 후 확인합니다.

주제 분류를 살펴보면 엔터테인먼트·예술, 생활·노하우·쇼핑, 취미·여가·여행, 지식·동향이라는 4개의 대주제 아래 문학·책, 일상·생각, 게임, IT·컴퓨터 등 총 32개의 소주제기 있습니다. 여기에 나타난 주제는 내 블로그 관리 페이지에서 [내 블로그 주제]로 선택할 수도 있습니다.

관심주제	엔터테인먼트·예술	생활·노하우·쇼핑	취미·여가·여행	지식·동향

관심있는 주제/키워드를 설정에서 선택하시면, 선택한 주제/키워드 글을 쉽게 볼 수 있습니다.

관심주제 / 키워드 설정 10개까지 선택가능

엔터테인먼트·예술	생활·노하우·쇼핑	취미·여가·여행	지식·동향	순서설정
☐ 문학·책	☐ 일상·생각	☐ 게임	☐ IT·컴퓨터	
☐ 영화	☐ 육아·결혼	☐ 스포츠	☐ 사회·정치	
☐ 미술·디자인	☐ 애완·반려동물	☐ 사진	☐ 건강·의학	
☐ 공연·전시	☐ 좋은글·이미지	☐ 자동차	☐ 비즈니스·경제	
☐ 음악	☐ 패션·미용	☐ 취미	☐ 어학·외국어	
☐ 드라마	☐ 인테리어·DIY	☐ 국내여행	☐ 교육·학문	
☐ 스타·연예인	☐ 요리·레시피	☐ 세계여행		
☐ 만화·애니	☐ 상품리뷰	☐ 맛집		
☐ 방송	☐ 원예·재배			

키워드 [   ] 등록

초기화   취소   확인

▲ 네이버 블로그의 주제 분류

다음과 같이 내 블로그 관리 페이지에 접속하면 [기본 설정]-[기본 정보 관리]-[블로그 정보]
메뉴의 [내 블로그 주제]에서 설정할 수 있습니다. 마땅히 정할 주제가 없다면 [주제 선택 보
류]로 유지해두어도 됩니다.

> **TIP** 기본 정보 설정 방법은?
>
> [내 블로그 주제]와 같은 기본 정보 설정 방법에 관한 내용은 PART 04에서 더 자세히 설명하니 참고
> 하길 바랍니다.

▲ 내 블로그에서 다루는 주제 선택하기

주제에 관해서는 앞서 이미 여러 차례 언급했습니다. 나의 관심사나 전문성에 적합한지 충분히 고민해 내 블로그에서 다룰 주제를 정했을 것입니다. 주제를 정해야 콘셉트를 정할 수 있고, 콘셉트를 정해야 이에 맞는 소재를 찾을 수 있습니다. 소재는 반드시 주제와 콘셉트를 떠올리며 찾아야 한다는 것을 잊지 마세요.

소재 찾는 과정을 예를 들어 설명해보겠습니다. 주제를 '책 리뷰'로 정하고 [내 블로그 주제]는 [문학·책]으로 선택했다고 가정해보겠습니다. 차별화 포인트인 콘셉트를 '요즘 사람들이 많이 읽는 책, 왜 읽는지 분석하는 블로그'로 정했다고 해봅시다. 네이버 블로그의 [주제별 보기]에서 문학·책 주제의 콘텐츠를 다른 블로그에서는 어떤 책으로 포스팅했는지 살펴봅니다. 요즘 어떤 책의 리뷰가 많이 포스팅되는지, 사람들의 공감을 많이 얻는 책의 리뷰는 어떤 것이 있는지 면밀하게 살펴볼 수 있습니다. 이와 같이 다른 콘텐츠를 보고 소재나 아이디어를 얻는 방식은 글쓰기 방법론에서도 잘 알려져 있습니다.

주제별 TOP > 문학·책

[Book] 유튜브 마케팅 책 추천 - 유...

고통 가득한 세상에서 절망을 건너...

〈사기병〉 인스타그램 화 제작, 악착...

관심주제　**엔터테인먼트·예술**　생활·노하우·쇼핑　취미·여가·여행　지식·동향

문학·책　영화　미술·디자인　공연·전시　음악　드라마　스타·연예인　만화·애니　방송

히멤
11시간 전

유튜브 마케팅 책 추천 〈 유튜브 상위 노출의 모든 것 〉

유튜브 마케팅 책 추천 〈 유튜브 상위 노출의 모든 것 〉블로그를 오래 운영해와서 그런지 자연스럽게 최근
에는 유튜브에도 관심을 갖고 있는데요. 주변에서도 유튜브 시작한 친구들도 있고 또 준비하는 지인도 있
어서 저도 진지하게 고민...

공감 15　댓글 1

▲ 네이버 블로그의 주제별 포스팅 콘텐츠

하나 더 예를 들어보겠습니다. 일상 공유 콘텐츠를 포스팅하는 개인 블로그라면 자신의 하루 일과나 일주일 일정 등을 고려해 소재를 찾을 수도 있습니다. 새로 구매할 제품, 관람할 영화 또는 공연, 방문하기로 한 맛집, 주말에 가기로 한 여행지 등 일상에서의 소재는 무궁무진합니다. 항상 모든 것이 포스팅할 콘텐츠의 소재가 될 수 있다는 마음가짐으로 연관지어 생각하면 어렵지 않게 소재를 찾을 수 있습니다. 개인 블로그뿐만 아니라 공식 블로그도 동일합니다. 기업이나 단체에서 어떤 일이 일어나고 있는지 항상 관심을 갖고 보면 어렵지 않습니다.

그래도 소재 찾기가 어렵다면 블로그씨 질문을 활용하는 방법도 있습니다. 블로그씨는 매일 포스팅할 콘텐츠의 소재를 제공합니다. 또한 앞서도 설명했듯이 매주 화, 목, 금 블로그씨 질문에 답변한 콘텐츠는 핫토픽으로 선정될 수도 있습니다. 잘만 활용하면 일석이조의 효과를 얻을 수 있으니 소재 찾기가 어렵다면 블로그씨 질문도 고려해보세요.

From. **블로그씨**
쓸 때마다 이게 맞는지, 저게 맞는지? 맞춤법에 대한 에피소드 남겨보아요~
답하기 ▶

▲ 매일 블로그에 배달되는 블로그씨 질문

마지막으로 세분화된 주제에 따른 소재 또는 두 가지 이상의 주제를 조합한 소재도 활용할 수 있습니다. 세분화된 주제에 따른 소재의 경우 이미 분류된 주제를 한 번 더 분류하는 겁니다. 예를 들어 주제를 '요리·레시피'로 정했다면 주제를 더욱 세분화해 '자취생 끼니' 또는 '10분 간단 요리' 등으로 정할 수 있습니다. 이처럼 세분화된 주제에 따른 소재를 활용하면 콘텐츠의 내용을 더욱 구체화할 수 있습니다.

두 가지 이상의 주제를 조합한 소재의 경우도 유용합니다. 예를 들어 '요리·레시피' 주제와 '애완·반려동물' 주제를 조합해 '반려견을 위한 홈메이드 간식' 등으로 주제를 정할 수도 있습니다. 이러한 소재는 블로그의 개성을 더욱 뚜렷하게 드러낼 수 있고 관심사가 다양하더라도 여러 주제를 아우를 수 있다는 점에서 유용합니다. 또한 이와 같은 독특한 소재는 전문성 있는 콘텐츠로 발전하기 쉬우므로 다른 블로그와의 차별화 포인트가 되기도 합니다.

처음에는 어떤 콘텐츠를 포스팅할까 많이 고민될 것입니다. 하지만 '무엇이든 소재가 될 수 있다'고 생각하면 쉽습니다. 물론 기업이나 단체를 대표하는 공식 블로그라면 소재 선정에 좀 더 주의를 기울여야겠지만 꼭 독특하거나 남들이 쓰지 않은 콘텐츠만 고집할 필요는 없습니다. 벤치마킹 차원에서 다른 사람의 콘텐츠도 많이 살펴보며 소재로 사용할 만한 것을 천천히 떠올려보길 바랍니다.

05 읽고 싶고 궁금해지는 제목 만들기

어떤 콘텐츠를 작성할지 소재를 찾았다면 제일 먼저 작성해야 할 것은 바로 '제목'입니다. 제목은 콘텐츠를 구성하는 것 중 첫 번째로 노출되는 부분입니다. 따라서 검색했을 때 제일 먼저 눈에 띄므로 콘텐츠를 보게 할지 말지 결정하는 부분이기도 합니다. 또한 제목은 콘텐츠의 내용이 무엇인지 요약한 문장입니다. 제목에서 콘텐츠의 핵심 내용이 드러나야 하고 클릭을 유도할 수 있도록 매력적이어야 합니다.

TIP 제목은 검색 키워드의 핵심!

제목은 검색 키워드의 핵심이자 검색 상위 노출에서도 가장 중요한 부분입니다. 제목에 어떤 키워드를 사용했는지에 따라 관련 콘텐츠를 찾는 사람에게 노출될지 말지 결정되기 때문입니다. 키워드에 관한 내용은 PART 03에서 자세히 다룰 예정이니 참고하세요. 여기에서는 같은 키워드를 사용한 포스팅 콘텐츠라도 어떻게 해야 좀 더 클릭을 유도할 수 있을지 매력적인 제목 작성법을 소개합니다.

제목의 중요성은 아무리 강조해도 지나치지 않습니다. 하지만 제목을 정하는 일은 무척 어렵습니다. 제목만 봐도 콘텐츠의 내용을 알 수 있어야 하고, 이와 동시에 클릭하고 싶은 문구가 있어야 합니다. 아마 제목을 작성하는 일이 내용을 작성하는 일보다 훨씬 더 어렵게 느껴질 것입니다. 제목을 만들기 어려울 때는 다음과 같은 방법을 활용해보세요.

1 연관검색어와 자동완성을 활용한 제목

2 유명한 광고 카피나 유행어를 활용한 제목

3 정확한 정보나 활용 방법을 알려주는 제목

4 제품 및 서비스에 대한 후기를 알려주는 제목

공들여 좋은 콘텐츠를 작성했는데 아무도 보지 않는다면 이보다 아쉬운 일이 또 있을까요? 내가 쓴 콘텐츠만큼은 다양한 사람에게 읽힐 수 있도록 '읽고 싶고 궁금해지는 제목'을 만들어보세요. 그럼 지금부터 제목 만드는 방법을 하나씩 알아보겠습니다.

연관검색어와 자동완성을 활용한 제목

사용자가 어떤 키워드에 대해 어떻게 검색하는지는 연관검색어나 자동완성을 통해 알 수 있습니다. 예를 들어 네이버 검색창에 '저녁메뉴'라고 입력해보겠습니다. 검색창에 '저녁메뉴'를 입력하면 자동완성 키워드로 '저녁메뉴 추천', '오늘의 저녁메뉴', '간단한 저녁메뉴' 등이 나타납니다. 사용자가 '저녁메뉴'라는 키워드를 입력했을 때 주로 어떤 단어와 함께 검색하는지 알 수 있습니다.

▲ 네이버 검색의 자동완성 기능

다음으로 입력한 '저녁메뉴' 키워드를 검색해보면 다음과 같이 검색창 아래에 연관검색어가 나타나는 것을 확인할 수 있습니다. 연관검색어는 '저녁메뉴'로 검색한 사람들이 어떤 키워드로 추가 검색을 했는지 알려줍니다. 이러한 키워드를 참고해서 '저녁메뉴'와 관련된 콘텐츠를 포스팅한다면 '오늘의 간단한 저녁메뉴 추천' 등으로 제목을 정할 수도 있습니다.

▲ 네이버 검색의 연관검색어 기능

이처럼 자동완성 키워드나 연관검색어에 나타난 키워드를 보면 사용자들이 어떻게 검색하고 추가로 어떤 것에 더 관심이 보이는지 알 수 있습니다. 여기서 나타난 키워드를 조합해 제목을 만든다면 많은 사용자의 클릭을 불러일으킬 수 있으니 활용해보면 좋습니다.

> **TIP** **키워드 선정 방법**
>
> 어떤 키워드가 많이 검색되는지, 연관키워드는 어떤 것들이 있는지 등 키워드를 상세히 분석해 다양한 정보를 제공하는 서비스가 많습니다. 자세한 내용은 PART 03과 132쪽의 특별부록에서 더 살펴보겠습니다.

유명한 광고 카피나 유행어를 활용한 제목

유명한 광고 카피나 유행어를 활용해 제목을 정하면 별도의 설명 없이도 전하려는 뜻을 더욱 명확하게 전달할 수 있습니다. 잘만 활용하면 '센스 있는 제목'이라고 느끼게 할 수도 있으니 클릭을 유도하기에도 좋습니다.

그럼 예시를 통해 살펴보겠습니다. 다음은 모 아이스크림 가게의 유명 광고 카피인 '골라 먹는 재미가 있다'를 활용한 제목들입니다. 이 광고 카피는 다양한 종류를 표현할 때 주로 사용합니다. 예를 들어 밋밋하게 '다이어트에 도움 되는 음식 소개'라고 제목을 정하는 것보다 '골라 먹는 재미가 있다! 다이어트에 도움 되는 음식'과 같이 정하는 겁니다. 다양한 음식을 소개하고 있다는 것을 군이 설명하지 않아도 알 수 있게 하고 재미도 줄 수 있습니다.

임매력의 재밌는일상 2020.07.17.
여수 양꼬치 꼬치 7942 다양한 꼬치요리 골라먹는 재미가 있다?
여수 양꼬치 꼬치 7942 꼬치요리 골라먹는 재미가 있다? 양꼬치를 너무나도 좋아하는 우리커플! 여수 양꼬치_ 꼬치들을 골라볼 차례! 오리고기, 돼지고기, 소고기 등...

#여수양꼬치 #여수꼬치맛집 #여수술집 #여수양꼬치맛집 #여수꼬치7942

어느날 문득 발견한 행복 2020.04.06.
대전반찬가게 농부아들의 반찬가게 찬장 둔산점 종류도 다양하고...
다양하고 골라먹는 재미가 있다! 오늘은 뭘 먹어야 하나 ㅋㅋㅋ 최대 고민이고 더구나 집에서 밥해먹을 일이... 반찬이며 국 등등 세상에나 정말 다양하게 준비되어 있...

#대전탄방동반찬가게 #대전반찬가게 #찬장둔산점 #대전찬장

♪평소일기♪ 2020.05.10.
골라먹는 재미가 있다! 커피도, 베이커리도 다양한 영종도 베이커...
골라먹는 재미가 있다! 커피도, 베이커리도 다양한 영종도 베이커리카페 지금이곳 (ㅈㄱㅇㄱ) 평소일기_ 잘 먹는 먹깨비 아드님ⓜ 나가기 전 필수코스인 화장실을 빠...

#영종도카페 #인천중구카페 #지금이곳 #카페지금이곳 #인스타감성

▲ 유명한 광고 카피를 활용한 제목 예시

다음은 유행어를 활용한 제목입니다. 블로그 콘텐츠에는 유행어 사용이 굉장히 빈번합니다. 이를테면 요즘에는 '○○역 맛집'보다 '○○역 존맛탱(매우 맛있음을 표현하는 유행어)'이라고 검색해야만 진정한 맛집을 찾을 수 있다고 합니다. 가감 없이 표현함으로써 광고나 홍보가 아니라 '진짜 내가 경험한 콘텐츠'임을 알리는 것입니다.

진냥의 세상살이 2020.10.27.

합정 샐러드 피쉬버켓 연어포케 참치포케 존맛탱 ㅠ

▲ 피쉬버켓 메뉴 (클릭하면 확대 가능) #합정샐러드 #합정역샐러드 #피쉬버켓 의 메뉴는 크게 #연어포케 와 #참치포케 두 종류가 있다. 여기에 소스와 사이즈를 선...

#합정샐러드   #합정역샐러드   #피쉬버켓   #연어포케   #참치포케

지련이 뭐하니? 2020.11.15.

송도 이자카야 신쥬 연어회 존맛탱 ㅠ 외않가?

송도에 2박 동안 머무르면서 송도 술집에도 가보고 싶어서 찾아보다가 연어가 기가막 히는 송도이자카야가 있다길래 다녀왔어요 =333 힐스테이트 4단지쪽에 있고, 송...

#내돈내산   #송도이자카야   #이자카야신쥬   #송도술집   #송도연어

스브스 뷰티 좋아요 2020.12.10.

김포 고쉐프의 신선한 연어

두툼한 크기의 생연어와 토치로 불맛을 더한 갈릭연어!! 정말 존맛탱... 사장님이 만 들다보니 하나 더 만들었다며 쿨하게 서비스를 주셨다지요 ㅎㅎ 정말 배부르게 잘...

▲ 유행어를 활용한 제목 예시 ①

또 다른 예시를 살펴보자면 '내돈내산(내 돈 주고 내가 산) 제품 후기'라는 유행어도 종종 발견할 수 있습니다. 이 유행어 또한 작성한 콘텐츠가 돈을 받고 하는 광고가 아님을 나타냅니다. 정보를 찾는 사용자들은 광고가 아니라 진짜 경험을 바탕으로 한 진정성 있는 콘텐츠를 찾길 원합니다. 이러한 유행어들을 활용한다면 '진정성 있는 콘텐츠'임을 좀 더 어필할 수 있습니다.

노는게 체질입니다 ★ 4일 전

메종키츠네 가디건 :: 백화점 내돈내산 구매후기 (착용샷, 가격, 사...

메종키츠네가디건 #내돈내산 메종키츠네 가디건 #내돈내산 후기! 가격은 465,000 원 인데요, 공홈에서는 44만원 정도에 구매할 수 있네요! ㅎㅎ 올봄까지 예쁘게 잘...

#메종키츠네가디건   #메종키츠네   #가디건   #내돈내산   #구매후기

HYUNLOG 2020.10.23.

재생크림 영양관리 내돈내산후기

※ 내돈내산 리얼 후기임을 알립니다! 시국이 시국이니 만큼 중요쓰-* 오늘은 내돈 내산에 재구매한 제품인만큼 제가 좋아하고 애정하는 인생템 리뷰예요. 제 기준...

#재생크림   #재생크림추천   #영양크림   #영양관리   #피부좋아지는법

Chu, Chu ♥ 4일 전

농심 감튀 CU 프레첼 카라멜팝콘 내돈내산 후기

봉지에 내돈내산 가격은 1500원이었요 봉지 크기는 그렇게 크지 않아요 궁금해 서 딱 열었는데 일단 생긴 것... 가네요 담에 맛나는 과자를 보면 또 후기남기겠어...

#농심감튀   #CU프레첼카라멜팝콘   #카라멜팝콘   #CU프레첼

▲ 유행어를 활용한 제목 예시 ②

좀 더 센스 있는 제목, 재미를 줄 수 있는 제목, 진정성 있는 제목을 고민하고 있다면 이와 같은 유명 광고 카피나 유행어를 활용해보길 바랍니다. 이러한 광고 카피나 유행어는 이미 누구나 잘 알고 있는 문구이므로 어떤 뜻인지 설명하지 않아도 뜻을 명확히 전달할 수 있으며 콘텐츠의 재미 요소가 되기에도 적합합니다. 다만 광고 카피나 유행어는 너무 남발하면 식상하게 여겨지는 등 오히려 역효과를 불러일으킬 수 있으니 사용에 주의하세요.

정확한 정보나 활용 방법을 알려주는 제목

무언가를 하는 방법이나 효능과 같이 정확한 정보 전달을 하는 콘텐츠라면 오히려 '~하는 방법' 또는 '~하는 것 알아보기'와 같이 단순하고 명확하게 표현하는 것이 더 효과적입니다. 어떤 방법이나 정보를 알고 싶어 검색했을 때 검색한 사용자는 부차적인 것은 제외하고 원하는 정보만 얻길 원하기 때문입니다.

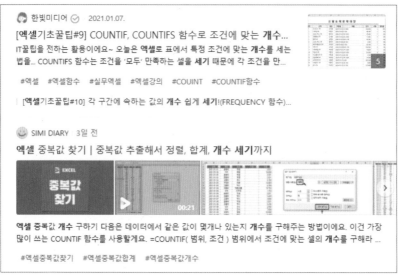

▲ 정확한 정보나 활용 방법을 알려주는 제목 예시 ①

이러한 제목은 '~하는 방법 10가지' 또는 '~하는 것 5가지 소개'와 같이 적절히 숫자를 조합하여 내용을 전달해도 좋습니다. 숫자 표현은 방법이나 정보를 얼마나 많이 전달하고 있는지 알려주기에 좋습니다.

▲ 정확한 정보나 활용 방법을 알려주는 제목 예시 ②

꼭 재미나 센스 있는 제목만이 정답은 아닙니다. 여기서 소개한 것처럼 콘텐츠에 따라 단순하고 명확하게 써야 할 때도 있으니 콘텐츠의 내용을 고려해 어울리는 제목으로 정하면 됩니다. 내용을 잘 판단해보고 어떤 제목이 더 효과적일지 고민해보세요.

제품 및 서비스에 대한 후기를 알려주는 제목

사용자는 광고성 콘텐츠를 별로 좋아하지 않습니다. 네이버의 검색 알고리즘 또한 직접 경험한 것을 바탕으로 제공하는 정보를 좋아합니다. 사용자들이 이러한 정보를 더 선호하기 때문입니다. 따라서 제목에 직접 경험한 제품 및 서비스라는 것을 명시해주면 더욱 신뢰감을 주어 클릭을 유도할 수 있습니다.

▲ 제품 및 서비스에 대한 후기를 알려주는 제목 예시 ①

이러한 제목에는 '자세한 후기' 또는 '직접 경험한 후기' 등 어떤 식의 후기를 작성했는지 표현해주는 것이 좋습니다. 또한 제목에 평가를 함께 표현하지 않는 것이 클릭을 유도하기에 더 효과적입니다. 다시 말해 '사용해보니 좋다' 또는 '체험해보니 별로다'와 같은 평가는 제목에서 제외하는 겁니다. 궁금증을 유발해 클릭하게 하는 방법인 것이죠.

▲ 제품 및 서비스에 대한 후기를 알려주는 제목 예시 ②

지금까지 다양한 제목 작성법을 알아보았습니다. 제목을 작성하는 일은 핵심 카피를 작성하는 일이나 다름없습니다. 콘텐츠의 내용을 대표하는 문구이므로 콘텐츠의 핵심 내용이 반드시 드러나야 합니다. 여러 가지 방법이 있지만 가장 중요한 점은 콘텐츠에 어울리는 제목을 정하는 것입니다. 이 점을 유의해 적절한 제목을 정해보길 바랍니다.

같은 콘텐츠라도
다양하고 맛깔나게 표현하라

콘텐츠를 작성하기 위한 윤곽 설정을 마쳤다면 본격적으로 포스팅할 콘텐츠를 작성해볼 차례입니다. 콘텐츠를 어떻게 하면 효과적으로 표현할 수 있을지 고민이 된다면 다음과 같은 방법들을 고려해보세요.

1. 질문과 답변 형식으로 작성하기
2. 단계를 나누어 방법 소개하기
3. 칼럼 또는 일기 등 글로 작성하기
4. 소제목과 강조 표시 적극 활용하기
5. 사진 등 다양한 요소 활용하기

그럼 지금부터 예시와 함께 하나씩 알아보겠습니다.

> **TIP** 스마트에디터 ONE
>
> 실제로 스마트에디터 ONE을 사용해 포스팅하는 방법은 PART 05에서 소개합니다. 여기에서는 콘텐츠를 작성하기 위해 어떤 표현 방법을 고려해야 할지 다른 블로그 및 포스트 예시를 살펴보며 계획을 세워봅니다.

질문과 답변 형식은 고전적이지만 자주 사용되는 방법입니다. 다음과 같이 방문자가 궁금해할 사항을 질문으로 던지고 답을 해주는 방식입니다. 내용 구분이 용이하고 핵심이 명확히 드러나므로 필요한 정보를 찾기도 쉽고 잘 정돈된 느낌이 듭니다.

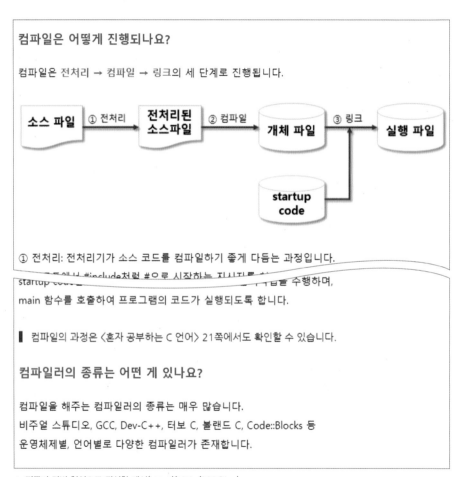

컴파일은 어떻게 진행되나요?

컴파일은 전처리 → 컴파일 → 링크의 세 단계로 진행됩니다.

① 전처리: 전처리기가 소스 코드를 컴파일하기 좋게 다듬는 과정입니다.

startup code ... 를 수행하며, main 함수를 호출하여 프로그램의 코드가 실행되도록 합니다.

▌ 컴파일의 과정은 〈혼자 공부하는 C 언어〉 21쪽에서도 확인할 수 있습니다.

컴파일러의 종류는 어떤 게 있나요?

컴파일을 해주는 컴파일러의 종류는 매우 많습니다.
비주얼 스튜디오, GCC, Dev-C++, 터보 C, 볼랜드 C, Code::Blocks 등
운영체제별, 언어별로 다양한 컴파일러가 존재합니다.

▲ 질문과 답변 형식으로 작성한 예시(http://bit.ly/323Glny)

요리 레시피, 만들기, 컴퓨터 프로그램 활용 등 과정 소개가 필요한 콘텐츠에 적합한 방법입니다. 다음 예시는 손뜨개 과정을 단계로 나누어 소개했습니다. 하나의 이어진 글로만 설명했다면 만드는 과정을 이해하기 어려웠을 것입니다.

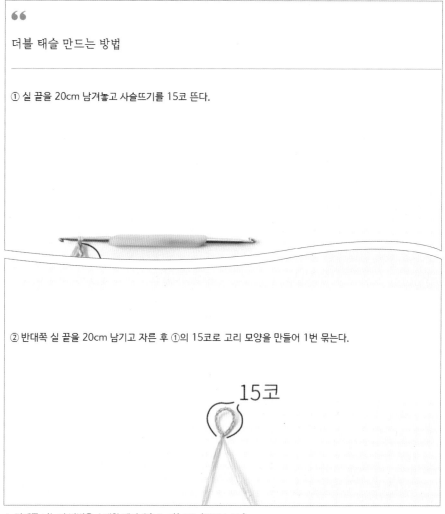

> **＂**
>
> 더블 태슬 만드는 방법
>
> ① 실 끝을 20cm 남겨놓고 사슬뜨기를 15코 뜬다.
>
> ② 반대쪽 실 끝을 20cm 남기고 자른 후 ①의 15코로 고리 모양을 만들어 1번 묶는다.

▲ 단계를 나누어 방법을 소개한 예시 ①(http://bit.ly/323NuEo)

다음 예시는 어도비 라이트룸 보정 방법을 단계로 나누어 소개했습니다. 자칫 복잡하게 느껴질 수 있는 과정이 한눈에 보이며 더욱 이해하기 쉬워졌습니다.

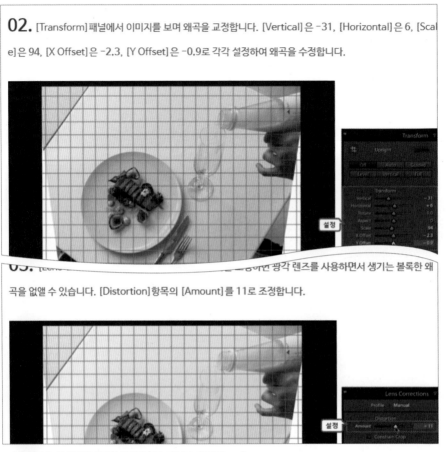

02. [Transform] 패널에서 이미지를 보며 왜곡을 교정합니다. [Vertical]은 -31, [Horizontal]은 6, [Scale]은 94, [X Offset]은 -2.3, [Y Offset]은 -0.9로 각각 설정하여 왜곡을 수정합니다.

~~~~~~~~~~~~~~~~~~~~~~~~~~~~~~~~~ ~~~~~~~~하면 광각 렌즈를 사용하면서 생기는 볼록한 왜곡을 없앨 수 있습니다. [Distortion]항목의 [Amount]를 11로 조정합니다.

▲ 단계를 나누어 방법을 소개한 예시 ②(http://bit.ly/2M0Aquc)

03 칼럼 또는 일기 등 글로 작성하기

자신의 견해를 표현하거나 어떤 주제에 대해 심도 깊게 소개할 때는 글로만 작성해도 무방합니다. 콘텐츠의 내용에 따라 글로만 표현하는 것이 더 효과적일지 다른 요소나 구분 방법을 사용하는 것이 효과적일지 판단해보세요. 글로만 표현하는 것이 전달에 더 효과적일 때는 굳이 다른 요소를 함께 사용하지 않아도 됩니다.

인공지능 콘텐츠 시대, '인공지능이 도입되어도 일자리가 줄지 않는다' 는 말은 거짓이다.

B 한빛미디어 ⊘ · 3만 팔로워
2018.05.31. 15:37 1,957 읽음

"

인공지능이 도입되어도 일자리가 줄지 않는다' 는 말은 거짓이다.

나는 인공지능과 경쟁하고 있을까?

＿＿＿대로 나타나고 있다.

우선 로봇의 등장으로 그동안 대체되었던 단순 노동직이 인공지능의 발달과 함께 더욱 위기에 처해질 거라는 분석이다.

고속도로 톨게이트에서 요금을 수금하던 일이 사람이 없는 무인 시스템으로 바뀌어가고 있고, 공장에서 부품을 조립하던 일이 얼마 전부터 로봇에게 그 자리를 양보하고 있는 추세를 생각해보면 합리적인 추론으로 보인다.

그런데 단순 노동보다는 전문 지식을 필요로 하는 노동이 로봇으로 대체될 경우가 경제적인 효율성이 더 높기 때문에 인공지능은 전문직의 일자리를 대체하게 될 것이라는 예측도 논리적이다.

▲ 칼럼 형식의 글로 작성한 예시(http://bit.ly/2AXMbes)

04 소제목과 강조 표시 적극 활용하기

방문자는 콘텐츠를 읽을 때 많은 시간을 투자하지 않습니다. 또한 영상 미디어에 많이 노출된 요즘 사람들은 긴 글을 읽기 어려워한다고 합니다. 밋밋하고 길게만 작성된 콘텐츠는 중요한 내용이 눈에 잘 들어오지 않을 뿐만 아니라 집중력도 저하시킵니다. 따라서 필요한 내용이 한눈에 쏙쏙 들어올 수 있도록 소제목으로 나누거나 강조 표시 등을 적극 활용하는 것이 좋습니다.

일러스트레이터 작업할 때 효율을 높여주는 꿀팁 TOP 5를 소개합니다.

1. 일러스트레이터 시작 화면 사용하지 않기
2. 일러스트레이터 컬러모드(RGB 모드 ↔ CMYK 모드) 변경하기
3. [Tab]을 이용해 손쉽게 일러스트레이터 패널 숨기기
4. 일러스트레이터 나만의 단축키 만들기
5. 일러스트레이터 파일을 PDF 파일로 저장하기

1. 시작 화면 사용하지 않기

일러스트레이터를 실행하면 다음과 같이 처음에 시작 화면이 나타납니다. 새 파일을 열기 쉽게 도와주는 화면인데, 불편하다면 나타나지 않게 할 수 있습니다.

▲ 소제목과 강조 표시를 적극 활용한 예시(https://bit.ly/2GB7XLq)

글자 크기 조절, 색 변경, 음영 및 두께, 밑줄, 기울임 등을 활용하면 손쉽게 필요한 내용을 강조할 수 있습니다. 이러한 작업은 중요한 내용을 강조하는 역할도 하지만 읽을 때 지루하지 않게 하는 역할도 합니다. 콘텐츠를 작성할 때는 이 방법을 반드시 활용해보길 바랍니다.

05 사진 등 다양한 요소 활용하기

글 사이에 사진, 동영상, 지도, 표 등 다양한 요소를 활용하면 더 효과적으로 내용을 전달할 수 있습니다. SNS나 동영상 플랫폼이 아무리 강세라고 해도 다양한 요소를 활용할 수 있는 플랫폼은 블로그뿐입니다. 이러한 블로그의 장점을 활용해서 다양한 요소를 통해 콘텐츠를 만들어

보세요. 방문자는 정성스레 작성한 콘텐츠라고 여길 것입니다.

다음은 사진과 지도 요소를 사용한 예시입니다. 여행지를 단순히 글로만 소개한 것이 아니라 사진을 첨부하고 지도를 삽입하면서 정보가 더욱 풍부해졌습니다. 콘텐츠를 읽는 사람이 이 여행지를 방문할 예정이라면 필요한 정보를 모두 얻을 수 있으므로 추가 검색을 하지 않아도 됩니다. 이러한 콘텐츠를 통해 블로그에 대한 신뢰가 더욱 깊어집니다.

잠들지 않는 블라디보스톡의 활력소
블라디보스톡 해양공원

러시아어로 스포츠 항만(Спортивная Набережная)이라는 뜻의 블라디보스톡 해양공원. 산책로를 따라 각종 길거리 음식과 기념품을 파는 노점이 들어서 있으며, 여름에는 분수 앞 광장에서 불 쇼, 댄스 공연 등 다양한 이벤트가 벌어진다. 사람이 직접 손으로 움직여주는 수동 가상현실(VR)체험은 구경만으로도 재미있다. 길거리 예술가가 그려주는 캐리커처 그림도 이색적인 체험이다. 봄부터 가을까지는 오리 배가 수를 놓고 겨울에는 꽁꽁 언 바다에서 얼음낚시를 즐기는 시민들로 붐빈다.

- 이용료 : 자전거 대여 1시간 150루블, 오리배 30분 250루블, 수동 가상 현실체험 250루블
- 가는 방법 : 아르바트 거리에서 도보 3분
- 이용 시간 : 24시간
- 구글 좌표 : 43.1194, 131.87699

 Batareynaya Ulitsa, 3a
Batareynaya Ulitsa, 3a, Vladivostok, Primorskiy kray, 러시아 69···

▲ 사진과 지도 요소를 활용한 예시(http://bit.ly/33fVrXq)

다음은 동영상 요소를 활용한 예시입니다. 어떤 과정이나 제품 후기를 보여주는 등 동영상을 활용할 수 있는 콘텐츠는 무궁무진합니다. 또한 네이버TV에 동영상을 업로드해두고 블로그나 포스트 콘텐츠에 삽입하면 검색 노출에도 유리합니다. 동영상도 적극적으로 활용해보세요.

▲ 동영상 요소를 활용한 예시(http://bit.ly/2VvUKqq)

다음은 표 요소를 활용한 예시입니다. 정리된 내용을 보여주어야 할 때 유용합니다. 단순히 글로만 정리했다면 한눈에 들어오지 않거나 필요한 내용을 찾기가 어려울 것입니다. 내용 요약 및 한눈에 보여주어야 할 콘텐츠가 있다면 표와 같은 요소도 활용해보길 바랍니다.

2. 용어 정리

	용어	의미
1	검색 상위 노출	검색했을 때 검색 결과 페이지 상단에 노출되는 것, 내 블로그 콘텐츠가 검색되게 하는 것
2	검색 노출	검색 결과 페이지의 앞쪽이나 상단은 아니더라도, 검색했을 때 내 블로그 콘텐츠가 나타나는 것
3	검색 엔진 최적화(SEO)	콘텐츠가 검색되고 확산되기 위해(검색 상위 노출을 위해) 필요한 자격을 갖추는 과정
4	키워드 (중요도 ★★★★★)	콘텐츠를 검색하는 사람과 콘텐츠 사이에서 연결 다리 역할을 하는 것! 어떤 키워드를 적절하게 사용했는지에 따라 검색 노출 여부가 결정되므로 키워드 선정은 매우 중요함

여기까지는 지난 시간에 살펴봤던 용어들입니다.
여기에 추가로 '키워드'에 대한 이해를 도울 개념을 두 가지 더 살펴보겠습니다.

1) 개념 이해하기

	용어	의미
1	C-Rank(C-랭크) 알고리즘	광고성 콘텐츠를 범람하게 만든 주범, 과거에 통했던 방식인 '최적화 블로그'의 문제점 때문에 등장한 검색 알고리즘입니다. C-Rank 알고리즘은 특정 주제에 대해 전문성 있는 콘텐츠를 지속적으로 작성했는지 판단하여 검색 상위 노출을 결정합니다. 이 검색 알고리즘 덕분에 분야의 전문성을 갖춰 포스팅하는 것이 중요해졌고, 콘텐츠의 품질을 고민하게 되었습니다. 이전처럼 내용에 상관없이 매일 포스팅만 해서는 블로그와 블로그의 콘텐츠를 상위에 노출시키기 어렵다는 이야기죠.
2	D.I.A.(다이아) 모델	D.I.A(Deep Intent Analysis, 다이아) 모델은 C-Rank 알고리즘을 보완하기 위해 등장한 검색 알고리즘입니다. D.I.A. 모델은 정보성과 작성자의 경험 등 다양한 요소가 반영되는데, 그중에서 제일 중요한 것이 '사용자의 반응'입니다. 범람하는 광고성 콘텐츠를 막기 위해서 '사용자의 반응을 판단하여 사용자가 거부감을 느끼는 콘텐츠는 노출해주지 않겠다'는 의미로 볼 수 있습니다.

C-Rank 알고리즘과 D.I.A. 모델은 네이버의 검색 알고리즘입니다.
네이버가 어떤 콘텐츠를 검색에 더 노출해줄지 이 알고리즘에 따라 결정됩니다.
이 두 개념을 종합해보면 명확합니다.

"특정 주제에 대해 전문성 있는 콘텐츠를 지속적으로 작성했고,
콘텐츠에 정보성과 작성자의 경험이 반영되어 사용자의 긍정적인 반응을 이끌어냈는가?"

▲ 표 요소를 활용한 예시(https://bit.ly/30KRxXU)

이러한 요소들은 스마트에디터 ONE의 요소 추가 기능을 활용해 손쉽게 사용할 수 있습니다. 사진이나 동영상, 지도, 표 외에도 다양한 요소를 추가할 수 있습니다. 스마트에디터 ONE을 활용하는 방법은 PART 05에서 상세히 다룰 예정이니 참고하세요.

▲ 스마트에디터 ONE의 요소 추가 기능

지금까지 다양한 콘텐츠 작성 방법을 알아보았습니다. 여러 가지 방법을 소개했지만 가장 중요한 점은 내가 작성할 콘텐츠에 얼마나 적합한 표현 방법인가를 고민하는 것입니다. 아무리 좋은 표현 방법이라고 해도 콘텐츠와 어울리지 않으면 소용없습니다. 읽는 사람에게 효과적으로 전달하는 방법이 무엇일지 여러 가지 방법을 활용해보고 시행착오를 겪으며 고민해보세요. 정해진 답은 없으니 다른 블로그는 어떻게 작성했는지 찾아보기도 하며 도전해보길 바랍니다.

한눈에 보는
요약정리

✱ 탄탄한 콘텐츠를 위한 윤곽 설정하기

1. 잘 검색되고 확산되는 블로그로 만들려면 품질이 좋은 콘텐츠를 지속적으로 포스팅하고, 이를 통해 방문자들을 사로잡을 수 있어야 한다.

2. 블로그를 왜 운영하는지 '목적'을 제일 먼저 정해야 한다. 블로그 운영 목적은 블로그와 콘텐츠의 정체성 및 방향을 명확히 하는 일이다. 홍보, 마케팅, 분야 전문성, 개인 브랜딩 등으로 정할 수 있다.

3. 블로그 운영 목적은 도달해야 하는 최종 지점이고, 블로그 운영 목표는 최종 지점으로 가기 위한 길이나 방법이다. 운영 목적 달성을 위해 세부 실천 목표를 정할 수 있다.

4. 네이버 블로그의 챌린지 프로그램인 'HOT TOPIC 도전', '블로거, 영화를 말하다', '목표달성! 미션위젯'을 통해 운영 목표를 정할 수도 있다.

5. 같은 콘텐츠라도 읽는 대상에 따라 중점적으로 다룰 내용이나 표현 방법 등이 달라질 수 있으니 콘텐츠를 읽을 타깃을 선정해야 한다. 방문자 타깃이 구체적으로 정해지면 콘텐츠의 방향을 더욱 명확히 할 수 있다.

6. 콘텐츠를 읽을 타깃을 신징하기 위해 네이비 광고의 [기워드 도구]를 활용할 수 있다.

7. 작성하게 될 콘텐츠의 내용을 구상하려면 제일 먼저 주제와 콘셉트에 따른 콘텐츠의 소재를 찾아야 한다.

8. 네이버의 주제 분류에 따른 소재, 다른 콘텐츠에서 아이디어를 얻은 소재, 블로그씨 질문을 활용한 소재, 세분화된 주제에 따른 소재, 두 가지 이상의 주제를 조합한 소재 등을 찾을 수 있다.

9. 소재를 찾은 후에는 읽고 싶고 궁금해지는 제목을 작성해야 한다. 제목은 콘텐츠를 구성하는 것 중 가장 첫 번째로 노출되는 부분이므로 콘텐츠의 핵심 내용이 드러나야 하고 클릭을 유도할 수 있도록 매력적이어야 한다.

10. 연관검색어와 자동완성을 활용한 제목, 유명한 광고 카피나 유행어를 활용한 제목, 정확한 정보나 활용 방법을 알려주는 제목, 제품 및 서비스에 대한 후기를 알려주는 제목 등으로 정할 수 있다.

✱ 같은 콘텐츠라도 다양하고 맛깔나게 표현하라

1. 콘텐츠를 효과적으로 표현하는 방법은 다양하다. 콘텐츠를 작성하기에 앞서 다양한 표현 방식을 참고하여 내 콘텐츠에 적용해본다.

2. 질문과 답변 형식은 방문자가 궁금해할 사항을 질문으로 던지고 답을 해주는 방식이다. 내용 구분이 용이하고 핵심이 명확히 드러나므로 필요한 정보를 찾기도 쉽고 잘 정돈된 느낌을 준다.

3. 요리 레시피, 만들기, 컴퓨터 프로그램 활용 등 과정 소개가 필요한 콘텐츠에는 단계를 나누어 소개하는 방식이 적합하다. 글로만 설명하기 어렵거나 복잡하게 느껴질 수 있는 과정이 한눈에 보여 더욱 이해하기 쉽다.

4. 자신의 견해를 표현하거나 어떤 주제에 대해 심도 깊게 소개할 때는 글로만 작성해도 무방하다. 콘텐츠의 내용에 따라 글로만 표현하는 것이 더 효과적일지 판단해야 한다.

5. 밋밋하고 길게만 작성된 콘텐츠는 중요한 내용이 눈에 잘 들어오지 않을 뿐만 아니라 집중력도 저하시킨다. 필요한 내용이 쏙쏙 들어올 수 있도록 소제목으로 나누거나 강조 표시 등을 적극 활용한다.

6. 글 사이에 사진, 동영상, 지도, 표 등 다양한 요소를 활용하면 더 효과적으로 내용을 전달할 수 있다. 이러한 요소들은 스마트에디터 ONE의 요소 추가 기능을 활용해 손쉽게 추가할 수 있다.

네이버 블로그 마케팅의 핵심, 검색 상위 노출

블로그가 검색되고 확산되기 위해서는 정성스레 포스팅한 콘텐츠만큼이나 노출 기회를 늘리는 것이 중요합니다. PART 03에서는 잘 작성한 콘텐츠가 검색에 노출되게 만드는 여러 가지 방법을 알아봅니다. 검색 상위 노출과 검색 엔진 최적화(SEO)를 먼저 이해한 후 검색 알고리즘도 다시 상세하게 살펴봅니다. 마지막으로 키워드와 포스트를 활용해 방문자를 늘리거나 검색 노출 기회를 늘리는 방법에 대해서도 살펴보겠습니다.

포스팅한 콘텐츠가 검색되고 확산되는 방법은 따로 있다

01 검색 상위 노출과 검색 엔진 최적화(SEO) 이해하기

검색 상위 노출, 포스팅한 콘텐츠를 제일 먼저 나타나게 하기

검색 상위 노출, 블로그를 하면서 많이 들어본 용어인데도 도무지 감을 잡기 어려운 경우가 많습니다. PART 01에서 검색 상위 노출에 대해 잠깐 언급하면서 이를 '검색했을 때 검색 결과 페이지 상단에 노출되는 것'이라고 설명했습니다. 다시 쉽게 말하자면 검색 상위 노출은 검색했을 때 제일 먼저 나타나는 것입니다.

예를 들어 다음과 같이 '홍대 맛집'을 검색했다고 가정해봅시다. [블로그] 탭의 검색 결과를 살펴보면 약 100만 건의 포스팅된 콘텐츠가 나타납니다. 이 중에서 제일 첫 페이지 상단에 나타난 콘텐츠를 '검색 상위 노출'이 되었다고 말합니다. 콘텐츠가 많을 때는 두세 번째 페이지까지도 검색 상위 노출이 되었다고 볼 수 있습니다. 다시 말해 '상위'의 개념은 수많은 콘텐츠 중 얼마나 더 먼저 나타나는지를 판단하는 것입니다. 뒤 페이지로 갈수록, 하단으로 내려갈수록 검색 상위 노출과는 멀어지는 것이고, 아무리 찾아봐도 아예 노출되지 않는 경우도 제법 있습니다.

블로그 1-10 / 1,044,097건

✔ 고급진 **홍대 맛집** 2020.06.16.
날이 너무 더워서 입맛이 없었는데 친구 녀석이 자기가 아는 **홍대 맛집**에서 밥... **홍대 맛**
집은 손소독제를 비치해놔서 들어오는 손님마다 위생관리를 할 수 있어요....
대니얼과 제이미의 리뷰노트 blog.naver.com/tears...　　　블로그 내 검색　　🖼 약도 ▾
+31

✔ 가성비가 좋았던 **홍대 맛집** 2020.06.18.
며칠전 매콤한 쭈꾸미를 먹기 위해 **홍대 맛집**에 찾아갔어요. 여긴 15년 전통이... 홍대입구
역 8번출구에서 도보로 10분내에 찾아갈 수 있는 거리라 덥지않게 찾아갔어요....
summer night 여름밤 blog.naver.com/lovem...　　　블로그 내 검색　　🖼 약도 ▾
+30

✔ **홍대 맛집** 넘사벽 리스트 :: 키움초밥 2020.09.02.
가능 **홍대** 키움초밥 이번에 찾아간 가게는 합정역에서는 7분, 망원역에서는 9분... 합정 맛집
<**홍대 맛집** 키움초밥 메뉴판> 무엇을 먹을까...하다가 8000원으로 저렴했던...
찌주의 데일리블로그 ♡ blog.naver.com/0122k...　　　블로그 내 검색　　🖼 약도 ▾
+34

✔ 오길 잘했던 **홍대 맛집** 2020.08.14.
지난 주 토요일에는 친구들과 삼오삼오 떼를 지어 **홍대 맛집**에 다녀왔다. 학생들... 곧 **홍대**
맛집 매장으로 들어오니 한치의 오차도 없는 칼각 정리가 눈에 들어왔다....
먹기 위해 사는 위장 환자 blog.naver.com/nowwe...　　　블로그 내 검색　　🖼 약도 ▾
+29

▲ 네이버에 '홍대 맛집'을 검색한 결과

그렇다면 검색 상위 노출이 중요한 이유는 무엇일까요? 아무래도 다른 콘텐츠보다 먼저 나타난 콘텐츠는 나중에 나타난 콘텐츠보다 클릭률이 높을 수밖에 없습니다. 예시인 '홍대 맛집' 검색 결과만 봐도 알 수 있습니다. 대부분의 사용자는 많아봤자 두세 페이지 정도의 콘텐츠를 확인해보고 말 것입니다. 원하는 정보가 없다면 더 뒤 페이지까지 찾아볼 수도 있겠지만, 뒤 페이지로 갈수록 클릭률이 낮아지는 것은 부정할 수 없는 사실입니다.

| 1 | 2 | 3 | 4 | 5 | 6 | 7 | 8 | 9 | 10 | 다음페이지 > |

| < 이전페이지 | 46 | 47 | 48 | 49 | 50 | 51 | 52 | 53 | 54 | 55 | 다음페이지 > |

▲ 뒤 페이지로 갈수록 접근성이 낮아 클릭률이 낮음

TIP | VIEW 통합 영역 개편

2020년 10월, 모바일 버전과 동일하게 PC 버전도 VIEW 통합 영역으로 개편되었습니다. 블로그, 포스트, 카페 등 검색 결과 영역이 VIEW 영역으로 통합되었고, 페이지 구분 방식이 아닌 무한 스크롤 방식으로 변경됐습니다. 따라서 위와 같은 검색 결과를 보여주지는 않지만, 위쪽에 나타나는 검색 결과일수록 상위 노출되었다는 개념은 동일합니다.

검색 엔진 최적화(SEO), 네이버와 방문자가 좋아하는 블로그 만들기

검색 상위 노출에 대한 개념을 알아보았습니다. 그렇다면 검색 엔진 최적화(SEO)란 무엇일까요? 검색 엔진 최적화(SEO, Search Engine Optimization)란 콘텐츠가 검색되고 확산되기 위해 필요한 자격을 갖추는 과정이라고 생각하면 쉽습니다. 많은 사용자에게 도달한 콘텐츠일수록 '검색 엔진 최적화'가 잘되었다고 표현합니다. 검색 엔진 최적화는 어떻게 잘할 수 있을까요?

검색 엔진 최적화를 위해서는 블로그명부터 별명, 소개글, 프로필 이미지, 커버 이미지와 같은 기본 설정 부분과 콘텐츠의 제목, 적당한 글의 길이, 이미지 등의 요소 삽입 여부, 태그 작성, 카테고리 설정 여부, 공개 설정과 발행 설정 등 다양한 요소를 판단해봅니다. 쉽게 이야기하자면 검색에 노출되기 위해서 혹시 빠뜨린 내용은 없는지 확인해보는 것입니다.

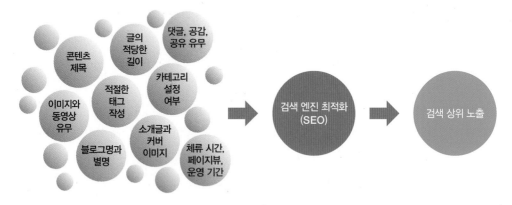

▲ 검색 엔진 최적화(SEO)를 위한 다양한 요소

---

02 네이버 검색 알고리즘 제대로 이해하기

VIEW를 통해 알아보는 네이버 검색 엔진의 진화

최근 네이버 검색 엔진의 가장 큰 변화는 2018년 9월에 발표한 VIEW(뷰)입니다. 네이버 모바일 검색 결과에서 블로그와 카페의 검색 영역을 통합한 VIEW 영역이 등장한 것입니다. 그리고 2020년 10월에 PC 검색 결과도 블로그, 포스트, 카페의 검색 영역을 통합해 VIEW 영역으로 개편했습니다. VIEW 영역의 목표는 '경험적 정보'를 제공하는 것입니다. 광고성 콘텐츠가 아닌 사용자가 직접 경험한 콘텐츠를 우선 노출해주겠다는 의미이기도 합니다.

▲ 네이버 모바일 검색 결과의 VIEW

네이버는 이전부터 사용자 생성 콘텐츠인 UGC(User-Generated Contents)를 강조했습니다. VIEW라는 네이버 검색 엔진의 변화는 이러한 점을 좀 더 강조하는 것과 같습니다. 네이버에서 소개하고 있는 'VIEW 검색에서 더 강조되는 콘텐츠'만 살펴봐도 그 사실을 알 수 있습니다.

> **[VIEW 검색에서 더 강조되는 콘텐츠]**
>
> ✅ 나만의 실제 경험과 독창적 의견이 들어간 콘텐츠
>
> ✅ 시의성 있는 콘텐츠
>
> ✅ 맥락에 맞는 멀티미디어가 첨부된 콘텐츠
>
> ※ 자료 출처 : NAVER Search & Tech(https://blog.naver.com/naver_search/221356918519)

특히 VIEW 영역은 앞으로 설명할 C-Rank 알고리즘과 D.I.A. 모델과도 밀접한 연관성이 있습니다. VIEW 영역과 두 검색 알고리즘에서 추구하는 방향이 같기 때문입니다. 그럼 지금 부터 C-Rank 알고리즘과 D.I.A. 모델에 대해 더 상세히 알아보겠습니다.

C-Rank(C-랭크) 알고리즘과 D.I.A.(다이아) 모델

C-Rank 알고리즘과 D.I.A. 모델에 관해 먼저 PART 01에서 설명한 내용을 다시 살펴보겠 습니다. 예전에는 가능한 방법이었지만 지금은 통하지 않는 '최적화 블로그', 전문성 있는 콘 텐츠가 중요한 C-Rank 알고리즘과 정보성 및 방문자의 반응이 중요한 D.I.A. 모델이 있었 습니다.

최적화 블로그	C-Rank 알고리즘	D.I.A. 모델
45~60일 동안 매일 1개 이상 포스팅하는 것이 중요함	특정 주제에 대해 전문성 있는 콘텐츠를 지속적으로 작성하는 것이 중요함	정보성과 경험이 반영된 콘텐츠와 그 콘텐츠에 대한 방문자들의 반응이 중요함

▲ 최적화 블로그, C-Rank 알고리즘, D.I.A. 모델의 비교

C-Rank 알고리즘과 D.I.A. 모델의 개념은 이미 이해했으리라 생각하고 여기에서는 어떤 요 소들이 반영되는지 살펴보겠습니다. 다음은 네이버 블로그팀 공식 블로그에서 공개한 C-Rank 알고리즘이 참고하는 데이터입니다. 상세히 읽어보면 콘텐츠의 어떤 요소를 잘 작성해야 검색 노출에 유리한지 알 수 있습니다.

항목	설명
BLOG Collection	블로그 포스팅 문서의 제목 및 본문, 이미지, 링크 등 문서를 구성하는 기본 정보를 참고해 문서의 기본 품질 계산
네이버 DB	인물, 영화 정보 등 네이버에서 보유한 콘텐츠 DB를 연동해 출처 및 문서의 신뢰도 계산
Search Log	네이버 검색 이용자의 검색 로그 데이터를 이용해 문서 및 문서 출처의 인기도 계산
Chain Score	웹 문서, 사이트, 뉴스 등 다른 출처에서의 관심 정도를 이용해 신뢰도와 인기도 계산
BLOG Activity	블로그 서비스에서의 활동 지표를 참고해 얼마나 활발한 활동이 있는 블로그인지 계산
BLOG Editor 주제 점수	딥러닝 기술을 이용해 문서의 주제를 분류하고 그 주제에 얼마나 집중하고 있는지 계산

▲ C-Rank 알고리즘에서 참고하는 블로그 관련 데이터(http://bit.ly/33jBsY0)

C-Rank 알고리즘은 전문성 있는 콘텐츠를 강조하므로 그 한계가 명확합니다. 블로그 자체의 품질이 좋지 않아도 전문성 있는 콘텐츠 몇 개만 있으면 검색 노출이 가능합니다. 이는 최적화 블로그의 문제점과도 같습니다. 그래서 등장한 것이 D.I.A. 모델입니다. 네이버 블로그 팀 공식 블로그에서 공개한 D.I.A. 모델에 반영되는 요인을 살펴보겠습니다.

[D.I.A. 모델에 반영되는 요인]

- ✓ 문서의 주제 적합도
- ✓ 경험 정보
- ✓ 정보의 충실성
- ✓ 문서의 의도
- ✓ 상대적인 어뷰징 척도
- ✓ 독창성
- ✓ 적시성

※ 자료 출처 : NAVER Search & Tech(https://blog.naver.com/naver_search/221297090120)

사실 복잡한 알고리즘까지는 이해하지 않아도 좋습니다. 그저 어떤 것을 중점으로 콘텐츠를 작성해야 하는지 유의하면 됩니다. 특히 이 요인들 중 가장 중요한 것은 '경험 정보'임을 잊지 마세요.

TIP 검색 알고리즘 이해하기

PART 01에서 소개한 네이버 블로그 마케팅 트렌드, 최적화 블로그, C-Rank 알고리즘, D.I.A. 모델 관련 설명을 반드시 참고해야 PART 03의 CHAPTER 02에서 이어지는 내용들을 이해할 수 있습니다. 잘 생각나지 않는다면 다시 읽어보길 바랍니다.

03 네이버에서 제공하는 정보 참고하기

네이버 블로그팀 공식 블로그(https://blog.naver.com/blogpeople)에서는 블로그에 관한 각종 소식을 수시로 포스팅합니다. 블로그 관련 새 소식 안내, 블로그 운영 가이드 및 도움이 되는 팁, 이벤트 공지 등 다양한 정보를 얻을 수 있습니다.

▲ 네이버 블로그팀 공식 블로그(https://blog.naver.com/blogpeople)

그 외에도 네이버 검색 블로그 NAVER Search & Tech도 참고하면 좋습니다. 검색 알고리즘 및 기술에 관한 정보를 얻을 수 있으므로 검색 노출에 관해 더 깊이 있게 공부하고 싶다면 참고합니다.

▲ 네이버 검색 블로그 NAVER Search & Tech(https://blog.naver.com/naver_search)

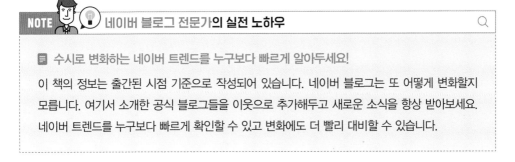

NOTE 네이버 블로그 전문가의 실전 노하우

📋 **수시로 변화하는 네이버 트렌드를 누구보다 빠르게 알아두세요!**

이 책의 정보는 출간된 시점 기준으로 작성되어 있습니다. 네이버 블로그는 또 어떻게 변화할지 모릅니다. 여기서 소개한 공식 블로그들을 이웃으로 추가해두고 새로운 소식을 항상 받아보세요. 네이버 트렌드를 누구보다 빠르게 확인할 수 있고 변화에도 더 빨리 대비할 수 있습니다.

네이버의 다양한 서비스를 통해 검색 노출 꾀하기

01 키워드를 활용해 블로그 방문자 늘리기

콘텐츠를 포스팅할 때 무엇보다 중요한 것은 '키워드'입니다. 콘텐츠를 정성스레 작성하는 것만큼이나 포스팅된 콘텐츠가 사용자에게 도달할 수 있게 하는 작업도 매우 중요합니다. 여기서 핵심 역할을 하는 것이 바로 키워드입니다. 키워드는 포스팅한 콘텐츠를 사용자에게 연결해주는 다리와 같다고 보면 됩니다. 어떤 키워드를 적절하게 잘 사용했는지에 따라 검색 노출 여부가 결정될 수 있습니다.

네이버 광고의 [키워드 도구] 알아보기

네이버 광고(https://searchad.naver.com/)의 [신규가입]을 클릭해 가입을 진행합니다. 신규 가입은 무료입니다. 네이버 아이디 또는 새 아이디로 신규 가입을 진행할 수 있고, 사업자 광고주인지, 개인 광고주인지 선택할 수 있습니다. 사업자 광고주의 경우 사업자등록번호를 입력해야 합니다.

▲ 네이버 광고(https://searchad.naver.com/)

가입한 아이디로 로그인하면 다음과 같이 광고 현황 페이지가 바로 나타납니다. 여기서 오른쪽의 [키워드 도구]를 클릭하면 [키워드 도구] 페이지로 이동할 수 있습니다.

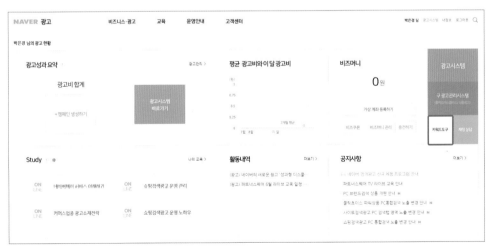

▲ 로그인 후의 광고 현황 페이지

[키워드 도구]에서는 키워드를 최대 5개까지 입력해 검색할 수 있습니다. 검색하면 [월간검색수], [월평균클릭수] 등을 확인할 수 있습니다. 키워드와 유사한 키워드를 최대 1,000개까지 연관키워드로 보여줍니다.

▲ 네이버 광고의 [키워드 도구]

그럼 지금부터 [키워드 도구]를 어떻게 활용하면 유용하게 사용할 수 있을지 예시를 통해 알아보겠습니다.

[키워드 도구]로 키워드별 검색수와 사용자 통계 알아보기

예시로 강릉 여행 정보 공유 콘텐츠를 작성한다고 가정해보겠습니다. '강릉 여행', '강릉 여행 코스', '강릉 가볼 만한 곳' 등 한 콘텐츠에 대해 다양한 키워드를 사용할 수 있습니다. 어떤 키워드를 사용하는 것이 가장 검색 노출에 유리할지 키워드별 검색수를 통해 알아보겠습니다.

▲ 강릉 여행 정보 공유 콘텐츠 관련 키워드 조회

조회 결과를 살펴보겠습니다. '강릉 여행' 또는 '강릉 여행 코스'와 같이 짧은 키워드가 많이 검색될 것 같지만 의외로 '강릉 가볼 만한 곳'이라는 길고 구체적인 키워드가 많이 검색된 것을 알 수 있습니다. 이를 참고해 자주 검색되는 키워드를 콘텐츠의 제목에 삽입하면 내 블로그로 더 많은 사람이 유입될 가능성이 높아집니다.

> **TIP** [키워드 도구] 사용 시 주의할 점
>
> 키워드는 띄어쓰기가 적용되지 않습니다. '강릉 가볼 만한 곳'이라고 조회해도 '강릉가볼만한곳'이라고 조회됩니다. 결과는 차이가 없으니 신경 쓰지 않아도 됩니다.

그런데 [월간검색수]는 한 달 동안의 검색수이므로 두세 달 전 또는 두세 달 후에는 다른 결과를 나타낼 수도 있습니다. 항상 이에 유념하며 데이터를 사용하세요.

[월별 검색수 추이]와 사용자 통계를 함께 확인한다면 분석 정확도를 더욱 높일 수 있습니다. 조회된 연관키워드 목록 중 '강릉 가볼 만한 곳'을 클릭해보면 다음과 같이 최근 1년간의 월별 검색수 추이를 확인할 수 있습니다. 이 추이를 통해 현재는 검색수가 높지 않더라도 이전에는 얼마나 높았거나 낮았는지 흐름을 읽으며 데이터의 정확도를 판단할 수 있습니다. 예를 들어 이 통계를 통해서 강릉 여행 정보 공유 콘텐츠는 휴가철인 7월에 포스팅해야 더 많은 유입을 기대할 수 있다는 것을 알 수 있습니다.

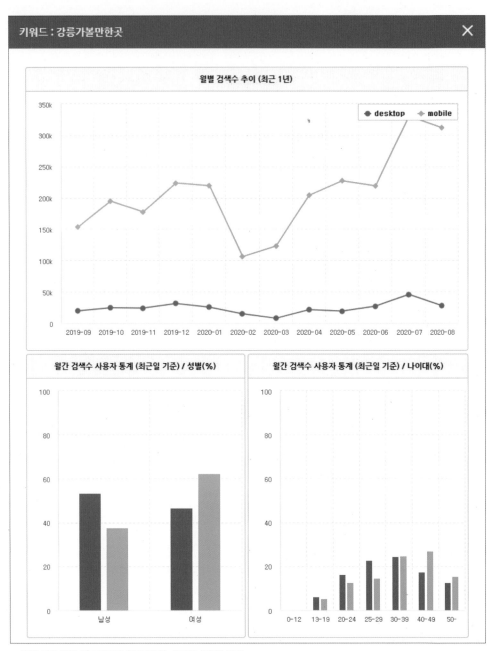

▲ '강릉 가볼 만한 곳' 키워드의 월별 검색수 추이와 사용자 통계

또한 성별과 나이대로 구분한 사용자 통계는 명확한 타깃을 정해 실행해야 하는 제품 및 서비

스 마케팅에 큰 도움이 됩니다. 이 데이터는 여러 방면에 활용할 수 있으니 참고해 효과적인 키워드를 선정해보세요.

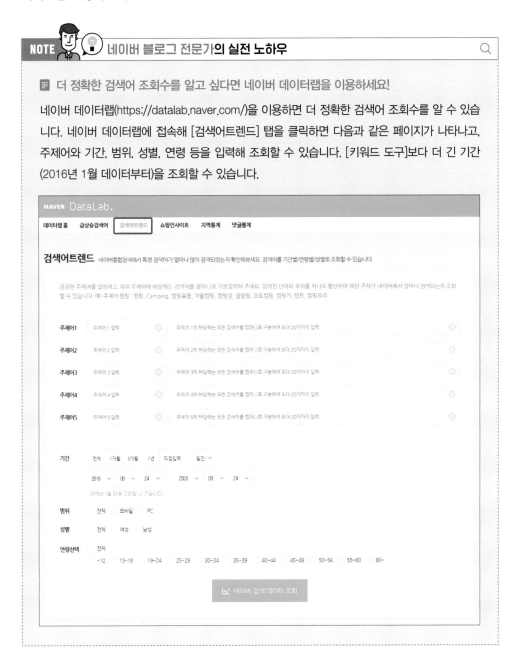

다음은 '강릉 여행', '부산 여행', '전주 여행' 키워드를 2018년 9월부터 2020년 9월까지 2년간의 데이터로 비교해본 결과입니다.

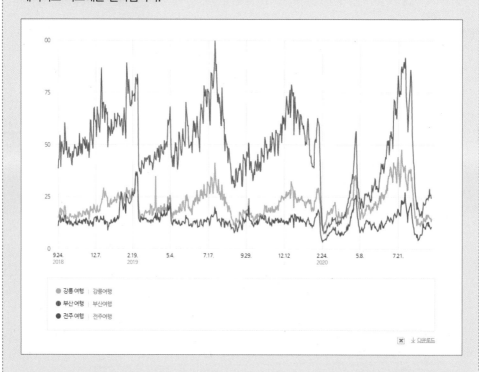

네이버 광고의 [키워드 도구]와 함께 사용하면 더 효과적으로 키워드를 선정할 수 있으므로 참고해 활용해보길 바랍니다.

네이버에 직접 검색해 포스팅된 콘텐츠수와 비교하기

다음은 [키워드 도구]의 한계를 해결하는 방법입니다. [키워드 도구]의 조회 결과는 맹신해서는 안 됩니다. 어떤 키워드라도 반드시 네이버에 직접 검색해서 포스팅된 콘텐츠수와 비교해보아야 합니다.

> **TIP** 콘텐츠수 확인하기
>
> 2020년 10월 이후로 네이버 검색 결과 영역이 개편되어 현재는 콘텐츠수를 보여주지 않습니다. 132 쪽의 블로그 키워드 검색량 조회 서비스를 활용해 콘텐츠수를 확인하세요.

예를 들어 블라디보스토크 여행 정보 공유 콘텐츠를 작성한다고 가정해보겠습니다. 국립국어원 외래어 표기 용례에 따르면 '블라디보스토크'가 바른 표기인데 여기저기서 '블라디보스톡'이라고 더 많이 사용하는 것 같으니 두 키워드를 조회해보겠습니다.

▲ '블라디보스톡'과 '블라디보스토크' 키워드의 월간검색수 비교

조회 결과를 살펴보면 '블라디보스토크'보다 잘못된 표기인 '블라디보스톡'의 [월간검색수]가 월등하게 많은 것을 알 수 있습니다. 그런데 실제로 네이버에 두 키워드를 검색해보면 어떨까요? 먼저 '블라디보스톡'으로 검색해본 결과입니다.

▲ '블라디보스톡' 키워드로 검색한 결과

블로그 콘텐츠가 약 19만 건으로 검색됩니다. 다음은 '블라디보스토크'로 검색해본 결과입니다. 두 결과를 비교해서 살펴보세요.

블로그 1-10 / 197,784건

[러시아여행] 블라디보스톡 마지막 날 푸니쿨라, 독수리전망대... 7일 전
블라디보스톡 여행 마지막 날이 밝았다 전날까지 그렇게 춥고 바람불고 비도... (러시아 블
라디보스토크 여행) 금각교 승리의 'V' 모양을 한 위풍당당한 자태!...
로대음마 blog.naver.com/christmas210/222093017076 | 블로그 내 검색

블라디보스토크 중국 시장과 낡은 전차 7일 전
블라디보스토크 여행 카페에 중국 시장에 관한 게시글이 많다. 여행 선물로... 2박 3일이나
3박 4일 짧은 일정으로 **블라디보스토크**를 다녀가는 관광객들에 킹크랩과 곰...
동백이네 blog.naver.com/pupp3/222093123202 | 블로그 내 검색

▲ '블라디보스토크' 키워드로 검색한 결과

'블라디보스톡' 키워드와 마찬가지로 블로그 콘텐츠가 약 19만 건으로 검색됩니다. 검색 결과
에 큰 차이가 없기 때문에 어떤 키워드를 사용할지 크게 고민하지 않아도 됩니다. 어떤 키워드
를 사용해도 무방하며 심지어 두 키워드를 혼용해서 사용하는 콘텐츠도 있습니다.

이처럼 [키워드 도구]는 반드시 네이버에 직접 검색해 포스팅된 콘텐츠수와 비교하면서 사용해
야 합니다. 실제로 사람들이 어떤 키워드로 검색을 했든 네이버 검색 알고리즘에서는 동일한 결
과를 보여주는 경우도 많기 때문입니다. 이에 유의하며 [키워드 도구]를 사용하길 바랍니다.

> **TIP** 잘못된 표기의 키워드
>
> 네이버는 잘못된 표기의 키워드를 검색해도 검색어의 의미를 자동으로 파악해 바른 표기의 키워드를
> 제안해줍니다. 예를 들면 다음과 같이 '된장찌게'로 잘못 검색했을 때도 바른 표기인 '된장찌개' 키워
> 드의 검색 결과를 보여줍니다. 이와 동시에 '된장찌게'의 검색 결과도 확인할 수 있도록 [된장찌게 검
> 색결과 보기]가 나타납니다.
>
>

예시를 통해 살펴봤듯이 모든 키워드는 선정 후 실제로 검색해보는 과정이 반드시 필요합니다. [키워드 도구]의 조회 결과가 실제 검색과 일치하는지 확인하는 것입니다. 또한 PC 버전의 [통합검색] 영역과 모바일 버전의 [통합검색] 영역이 다르게 나타날 때도 있으니 반드시 둘 다 확인하는 것이 좋습니다.

NOTE 네이버 블로그 전문가의 **실전 노하우**

📋 반드시 [월간검색수]와 포스팅된 콘텐츠수가 많은 키워드만 사용해야 하나요?

결론부터 이야기하자면 그렇지 않습니다. 때에 따라 검색수가 적거나 포스팅된 콘텐츠수가 많지 않은 키워드를 선정하는 것이 유리할 때도 있습니다. 검색수가 많은 키워드, 포스팅된 콘텐츠수가 많은 키워드는 아무래도 검색 상위 노출 경쟁이 심할 수밖에 없습니다. 검색 경쟁이 치열한 키워드를 사용하면 노출 가능성이 적어지는 것이죠. 따라서 검색수가 적은 키워드, 포스팅된 콘텐츠수가 적은 키워드는 오히려 검색 상위 노출 가능성이 높아지니 틈새시장을 공략하듯 사용하는 것도 하나의 방법입니다. 특히 블로그 운영 기간이 짧은 경우일수록 검색수가 적거나 포스팅된 콘텐츠수가 많지 않은 키워드부터 공략하는 것이 좋습니다.

02 포스트를 활용해 검색 노출 기회 늘리기

전문가의 콘텐츠, 네이버 포스트 알아보기

2013년 11월에 출시된 네이버 포스트는 특정 주제에 대해 전문가가 콘텐츠를 발행하는 서비스입니다. 블로그와 비슷하면서도 다른 점이 제법 있습니다. 블로그가 좀 더 대중적인 콘텐츠를 편하게 포스팅할 수 있는 영역이라면, 포스트는 전문성이 짙은 콘텐츠를 발행하는 영역입니다. 서비스 운영 초기에는 검색 노출 관련 경쟁이 블로그보다는 덜 치열하고, 상위 노출이 비교적 쉽고 오래 유지된다는 점에서 많은 관심을 받았습니다. 또한 초기에는 네이버 검색 결과 자체에서 포스트 영역이 블로그 영역보다 더 상단에 노출되었습니다.

그러나 현재는 포스트가 무조건 우선순위로 노출되지는 않습니다. 여러 검색 알고리즘에 따라 포스트 또한 잘 작성된 콘텐츠이어야만 검색에 우선 노출됩니다. 결국 블로그와 마찬가지로 정성스레 작성한 콘텐츠가 인정받는 것입니다. 이렇다 하더라도 포스트가 매력적인 콘텐츠 작성 플랫폼임은 틀림없습니다. 관리나 글쓰기 기능 또한 네이버 블로그와 크게 다르지 않아 홍보나 마케팅 등이 목적인 사용자라면 블로그와 포스트를 동시에 운영하는 경우도 많습니다.

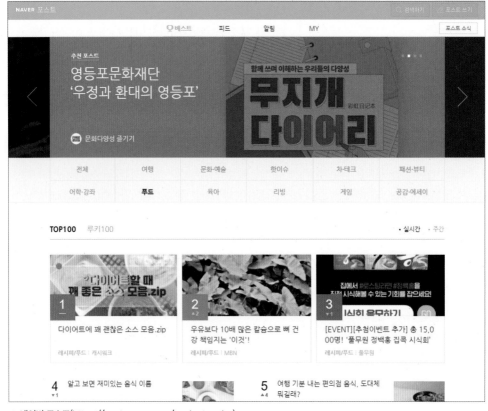

▲ 네이버 포스트(https://post.naver.com/navigator.nhn)

네이버 포스트는 네이버 홈에서 바로 접속할 수 있습니다. 네이버 홈에서 탭 오른쪽의 ⟩를 클릭하면 [포스트] 탭이 나타납니다. 하단의 [내 포스트]를 클릭하면 내 포스트로 바로 연결됩니다.

▲ 네이버 홈에서 내 포스트 접속하기

다음과 같이 내 포스트에 접속할 수 있습니다. 포스트에 처음 접속했다면 [포스트] 탭 부분에
아무 글도 나타나지 않고 [포스트 쓰기] 버튼만 있는 것을 볼 수 있습니다.

▲ 네이버 포스트의 첫 페이지

블로그와 차이점이 있다면 블로그는 사용자를 '블로거'라고 부르고, 포스트는 '에디터'라고 부른다는 것입니다. 또한 '친구 맺기'의 개념이 블로그에서는 '이웃'으로 추가하거나 '서로 이웃'을 맺어 소식을 받아보는 반면, 포스트는 '팔로우'해 콘텐츠를 받아보는 방식입니다.

포스트를 좀 더 살펴보자면 [프로필] 탭에는 다음과 같이 간단한 소개를 작성할 수 있습니다. 출간한 도서를 등록할 수도 있는데 등록된 도서를 클릭하면 네이버 책 소개 페이지로 연결됩니다.

▲ 네이버 포스트의 [프로필] 탭 상단부

SNS 또는 웹사이트도 추가할 수 있습니다. 제일 하단에는 태그를 입력할 수도 있습니다. 블로그와 또 다른 점은 이처럼 '키워드'가 아닌 '태그'를 사용한다는 것입니다. 이 태그라는 개념의 차이 때문에 블로그는 검색 엔진 자체가 검색 기반이라면 포스트는 태그를 기반으로 검색됩니다.

TIP 반드시 태그를 설정하세요!

네이버 포스트에서 가장 중요한 것은 '태그'입니다. 블로그의 '키워드'와 같습니다. 포스트 자체의 태그뿐만 아니라 각 콘텐츠의 태그도 반드시 설정하길 바랍니다.

▲ 네이버 포스트의 [프로필] 탭 하단부

마지막으로 살펴볼 것은 [시리즈] 탭입니다. 포스트는 발행한 콘텐츠를 시리즈로 묶을 수 있습니다. 이렇게 주제별로 또는 소재별로 분류해둔다면 각 콘텐츠의 전문성을 더욱 뚜렷하게 보여줄 수 있습니다.

▲ 네이버 포스트의 [시리즈] 탭

시리즈 중 하나를 클릭해보면 다음과 같이 시리즈로 묶여 있는 콘텐츠들을 한꺼번에 볼 수 있습니다.

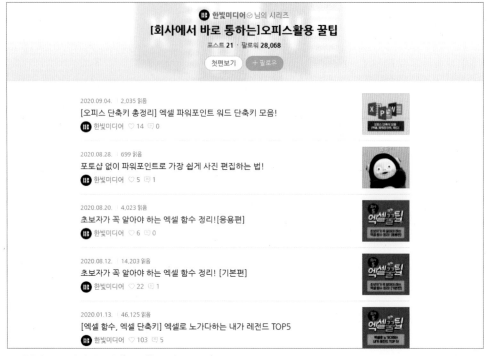

▲ 네이버 포스트의 시리즈 예시(http://bit.ly/2p9ibcY)

콘텐츠를 시리즈로 묶어두면 특정한 주제에 관심이 있어서 방문한 사용자에게 같은 주제의 다른 콘텐츠도 연계해서 보여줄 수 있다는 장점이 있습니다. 포스트를 운영한다면 이 부분은 반드시 활용해야 합니다.

네이버 포스트만의 다양한 기능 활용하기

네이버 포스트에서 콘텐츠를 작성하는 방법은 블로그와 크게 다르지 않습니다. 간단히 작성 방법을 살펴보겠습니다. 내 포스트 메인 페이지에서 [포스트] 탭의 [포스트 쓰기]를 클릭하면 네이버 포스트 운영원칙 확인 페이지가 나타납니다. 이 운영원칙에 동의해야만 포스트를 작성할 수 있습니다.

▲ 네이버 포스트 운영원칙 확인

[동의]를 클릭하면 다음과 같이 콘텐츠를 작성할 수 있는 스마트에디터 ONE이 나타납니다. 스마트에디터 ONE 사용법은 블로그와 동일합니다. 스마트에디터 ONE 사용법은 PART 05 에서 자세하게 다루니 참고하길 바랍니다.

▲ 네이버 포스트의 스마트에디터 ONE

다른 것은 모두 동일하지만 자주 사용하는 네이버 포스트만의 유용한 기능이 있습니다. 바로 '카드형' 콘텐츠입니다. 카드형 콘텐츠는 흔히 알고 있는 카드뉴스라고도 말할 수 있습니다. 작성 방법이 매우 간단하고 기본 레이아웃이 제공되어 손쉽게 콘텐츠를 제작할 수 있다는 장점이 있습니다. 카드형 콘텐츠는 다음과 같이 주로 모바일 화면에 최적화된 레이아웃으로 작성합니다.

◀ 포스트의 카드형 콘텐츠 예시(http://bit.ly/2VvwK6C)

카드형 콘텐츠는 스마트에디터 ONE 왼쪽 상단의 [기본형]을 클릭하고 [카드형]을 선택하면
작성할 수 있습니다.

▲ 스마트에디터 ONE에서 [카드형] 선택하기

[카드형]을 클릭하면 다음과 같이 카드형 콘텐츠를 작성할 수 있는 페이지가 나타납니다. 제목
이나 콘텐츠를 작성할 수 있는 기본 레이아웃이 갖춰져 있어 작성하기 쉽습니다.

▲ 카드형 콘텐츠를 작성할 수 있는 페이지

다음과 같이 [카드추가]를 클릭하면 여러 가지 기본 레이아웃을 확인할 수 있습니다. 이미지가 상단이나 하단, 중앙에 배치된 레이아웃을 선택할 수도 있고, 텍스트만 있는 레이아웃이나 이미지만 들어간 레이아웃을 선택할 수도 있습니다. 작성하려는 콘텐츠에 따라 적절한 레이아웃을 선택합니다.

▲ 카드형 콘텐츠의 여러 가지 기본 레이아웃

기본 레이아웃뿐만 아니라 제공되는 템플릿을 통해서도 카드형 콘텐츠를 작성할 수 있습니다. 오른쪽 상단의 [템플릿]을 클릭하면 추천 템플릿을 확인할 수 있고, 그중 하나를 선택하면 작성할 수 있는 템플릿이 바로 나타납니다.

▲ 카드형 콘텐츠를 작성할 수 있는 템플릿

첫 번째 템플릿을 선택해보았습니다. 다음과 같은 템플릿이 나타나는데 이미지나 텍스트를 임의로 변경해 내가 원하는 카드형 콘텐츠로 만들면 됩니다.

▲ 템플릿 선택하여 카드형 콘텐츠 작성하기

카드형 콘텐츠는 핵심 내용을 요약해 전달하는 데 효과적입니다. 콘텐츠가 보기 좋고 읽기 쉬워 방문자를 사로잡기에도 효과적이므로 내가 작성하려는 콘텐츠에 따라 카드형 콘텐츠도 고민해보길 바랍니다.

NOTE 네이버 블로그 전문가의 **실전 노하우**   🔍

📑 카드형 포스트를 작성할 때 주의할 점

카드형 포스트는 이미지로만 작성되는 경우가 많아서 텍스트가 검색되지 않을 수 있다는 단점이 있습니다. 이러한 부분을 보완하기 위해서 이미지만이 아니라 요약된 텍스트도 반드시 함께 게시합니다. 또한 콘텐츠 작성 후에는 태그를 꼭 입력해 노출이 더 잘될 수 있도록 작업하는 것이 좋습니다.

검색 노출을 위해 네이버 포스트 효과적으로 활용하기

검색 노출에 블로그가 유리할지 포스트가 유리할지 판단한 다음에 콘텐츠 작성 영역을 정해야 합니다. 이를 비교하는 방법은 아주 간단합니다. 네이버에 원하는 주제의 키워드들을 검색하며 포스팅된 콘텐츠수에 따라 비교해봅니다.

예를 들어 다음과 같이 네이버에 '엑셀 단축키 모음'을 검색해보았습니다. 먼저 [블로그] 탭을 확인해보면 콘텐츠가 6,463건으로 나타납니다. 이 수가 적은지 많은지를 알려면 [포스트] 탭의 콘텐츠수도 확인해서 비교해봅니다.

블로그 1-10 / 6,463건

✅ **엑셀 단축키 모음** 알아두면 편하고 유용하다 2020.07.28.
추가해주시면 단축키가 설정됩니다. 확인 버튼만 눌러주시면 설정끝 아주 간단하죠? **엑셀 단축키 모음** 확인하셔서 자주 사용하는 키 확인하시고 설정하셔서 더...
짜리의 일상다반사 ... blog.naver.com/cr_k_/222044007411 | 블로그 내 검색

✅ **엑셀 단축키 모음** 알고 한 단계 업하기! 2020.03.10.
사용했던 단축키 1편을 먼저 소개 드릴까 합니다. **엑셀 단축키 모음** Top 5 1. 선택하여 붙여넣기 : Alt - E - S 순서대로 입력! 다른 곳에 있는 데이터를 복사하며 엑셀...
제키30의 소소한 사... jackie30.blog.mo/221845917624 | 블로그 내 검색

▲ '엑셀 단축키 모음' 키워드의 [블로그] 탭 검색 결과

다음과 같이 [포스트] 탭의 콘텐츠수를 확인해보니 344건으로 블로그 콘텐츠보다 훨씬 적습니다. 다시 말해 이 키워드에 대한 콘텐츠라면 블로그보다 포스트에 작성하는 것이 훨씬 더 검색 노출에 유리합니다. 그런데 키워드 하나만으로 비교하면 판단의 오류가 생길 확률이 높습니다. 관련 키워드를 여러 가지로 조합하여 여러 차례 검색하고 비교해보길 바랍니다.

▲ '엑셀 단축키 모음' 키워드의 [포스트] 탭 검색 결과

앞서 비교한 키워드는 포스트 콘텐츠가 훨씬 더 적어 포스트에 작성하는 것이 유리해 보였지만 그렇지 않은 경우도 있습니다. 앞서 이야기했듯이 포스트 서비스 초기에는 포스트 자체에 쌓인 콘텐츠가 많지 않아 어떤 키워드라도 포스트에 작성하는 것이 유리했습니다. 하지만 벌써 서비스를 운영한 지도 6년 가까이 흘러 포스트에도 제법 많은 콘텐츠가 쌓여 있습니다. 그렇기 때문에 여러 키워드를 반드시 확인해봐야 합니다.

이번에는 '명절 요리'란 키워드로 확인해보겠습니다. 먼저 [블로그] 탭을 확인해보면 콘텐츠가 약 1만 건이 조금 넘게 나타납니다. 이 수가 적은지 많은지 비교하려면 동일하게 [포스트] 탭도 확인해봅니다.

블로그 1-10 / 11,580건

✔ 명절전 만드는법, **명절요리**, 전요리 2020,09,20,
#명절전만드는법 #동태전만드는법 #새송이버섯전 #배추전만들기 #전요리 #**명절요리** #명절음식 #전만들기 미리 만들어 먹으니 더 맛있네요. 명절이나 제사를 지낼때는...
금수강산의 엄마밥상 blog.naver.com/bdan9333/222094316829 │ 블로그 내 검색

✔ 소갈비찜 레시피 , **명절요리** 2020,09,24,
galbizzim 이제 추석 명절이 겨우 일주일 정도 남았네요. 이것저것 명절 전에 해야... 잘 만든 갈비찜 하나가 **명절요리** 주인공이거든요, 요리 몇개 없어도 주인공이 다...
초코's happy table mildek,blog,me/222098039415 │ 블로그 내 검색

▲ '명절 요리' 키워드의 [블로그] 탭 검색 결과

[포스트] 탭을 확인해보았더니 약 2만 건으로 2배가량 많은 것을 알 수 있습니다. 이런 경우에는 포스트보다 블로그에 작성하는 것이 더 검색 노출에 유리할 수 있습니다.

19,054 포스트

 비주얼다이브 ✔ 10만 팔로워
2020.10.02. 499 읽음

시리즈 맛의 기쁨

▣◢ 우리가 몰랐던 추석 음식 7

가장 풍성한 **명절**, 추석을 맞아 우리 민족이 먹었던 전통음식들로는 무엇이 있을까. ... #1 우리가 몰랐던 추석 음식 7   #2 **명절** 때 먹는 음식을 '절식'이라고 함. ... 그래서 예부터 …

♡ 5   💬 1   ↗

▲ '명절 요리' 키워드의 [포스트] 탭 검색 결과

블로그를 운영할지, 포스트를 운영할지 고민된다면 지금 소개한 방법을 통해 반드시 콘텐츠수를 비교해보세요. 특히 블로그 운영 목적이 홍보나 마케팅일 경우 검색 상위 노출이 무엇보다 중요하므로 어떤 것을 활용해야 더 손쉬운 검색 상위 노출을 꾀할 수 있을지 판단해보길 바랍니다. 시간적 여유가 있다면 같은 주제의 콘텐츠를 블로그와 포스트에 모두 업로드해 동시에 운영하는 것도 방법입니다.

TIP VIEW 통합 영역 개편

2020년 10월, 모바일 버전과 동일하게 PC 버전도 VIEW 통합 영역으로 개편되었습니다. 블로그, 포스트, 카페 등 검색 결과 영역이 VIEW 영역으로 통합되었고, 콘텐츠수를 따로 표시해주지 않습니다. 따라서 검색 결과를 블로그와 포스트 영역으로 나누어 보여주지 않습니다. 콘텐츠수를 참고하려면 132쪽의 블로그 키워드 검색량 조회 서비스를 활용하길 바랍니다.

NOTE 네이버 블로그 전문가의 실전 노하우 🔍

네이버 포스트는 공식 포스트에만 유리한가요?

사용자들이 네이버 검색 결과를 살펴보다가 이런 질문을 많이 합니다. 아무래도 검색 결과에 자주 노출되는 포스트가 공식 포스트이기 때문입니다. 그렇지만 공식 포스트에만 유리하도록 검색 알고리즘이 설정되어 있는 것은 아닙니다. 포스트 또한 블로그와 마찬가지로 잘 작성된 콘텐츠가 중요하다고 이야기했습니다. 또한 포스트는 전문성이 특히 더 중요합니다. 따라서 아무래도 더 전문성 있는 콘텐츠를 보유하고 있는 공식 블로그들이 검색 결과에 자주 노출될 뿐 공식 포스트에만 유리하게 되어 있는 것은 아닙니다. 공식 블로그만큼 전문성 있는 콘텐츠를 꾸준히 작성한다면 내 포스트 또한 검색에 노출될 수 있습니다.

한눈에 보는
요약정리

＊ **포스팅한 콘텐츠가 검색되고 확산되는 방법은 따로 있다**

1. 검색 상위 노출은 검색했을 때 검색 결과 페이지 상단에 노출되는 것이다. 쉽게 말해 검색하면 제일 먼저 나타나는 것이다.

2. 검색 상위 노출이 중요한 이유는 콘텐츠와 블로그에 대한 접근성 문제이다. 아무래도 다른 콘텐츠보다 먼저 나타난 콘텐츠는 나중에 나타난 콘텐츠보다 클릭률이 높을 수밖에 없다.

3. 검색 엔진 최적화(SEO, Search Engine Optimization)는 콘텐츠가 검색되고 확산되기 위해 필요한 자격을 갖추는 과정이다.

4. 보통은 검색 엔진 최적화를 위해 블로그명부터 별명, 소개글, 프로필 이미지, 커버 이미지와 같은 기본 설정 부분과 콘텐츠의 제목, 적당한 글의 길이, 이미지 등의 요소 삽입 여부, 태그 작성, 카테고리 설정 여부, 공개 설정과 발행 설정까지 다양한 요소를 판단한다.

5. VIEW는 네이버 모바일 검색 결과에서 블로그와 카페의 검색 영역을 통합한 영역이다. VIEW 영역의 목표는 경험적 정보를 제공하는 것이다. 광고성 콘텐츠가 아닌 사용자가 직접 경험한 콘텐츠를 우선 노출해주겠다는 의미이다.

6. 네이버 검색 알고리즘에는 전문성 있는 콘텐츠가 중요한 C-Rank(C-랭크) 알고리즘과 정보성 및 방문자의 반응이 중요한 D.I.A.(다이아) 모델이 있다. 최적화 블로그 방법은 예전에는 가능했지만 지금은 통하지 않는다.

7. 네이버 블로그팀 공식 블로그와 네이버 검색 블로그 NAVER Search &

Tech를 참고하면 블로그 관련 새 소식, 블로그 운영 가이드 및 도움이 되는 팁, 이벤트 공지, 검색 알고리즘 및 기술에 관한 정보를 얻을 수 있다.

✳ 네이버의 다양한 서비스를 통해 검색 노출 꾀하기

1. 키워드는 포스팅된 콘텐츠가 사용자에게 도달할 수 있게 하는 역할을 한다. 어떤 키워드를 적절하게 잘 사용했는지에 따라 검색 노출 여부가 결정될 수 있다.

2. 네이버 광고의 [키워드 도구]를 활용하면 키워드별 월간 검색수, 월 평균 클릭수, 월별 검색수 추이(최근 1년)와 사용자 통계를 확인할 수 있다.

3. [키워드 도구]의 한계를 해결하려면 어떤 키워드라도 반드시 네이버에 직접 검색해서 포스팅된 콘텐츠수와 비교해보아야 한다. [키워드 도구]의 조회 결과가 실제 검색과 일치하는지 확인하는 과정이다.

4. 네이버 포스트는 특정 주제에 대해 전문가가 콘텐츠를 발행하는 서비스이다. 블로그가 좀 더 대중적인 콘텐츠를 편하게 포스팅할 수 있는 영역이라면, 포스트는 전문성이 짙은 콘텐츠를 발행하는 영역이다.

5. 네이버 포스트는 서비스 운영 초기에 검색 노출 경쟁이 블로그보다 덜 치열하고, 상위 노출이 비교적 쉽고 오래 유지된다는 점에서 많은 관심을 받았다. 현재는 네이버 블로그와 마찬가지로 포스트 또한 잘 작성된 콘텐츠이어야만 검색에 우선 노출된다.

6. 검색 노출에 블로그가 유리할지, 포스트가 유리할지 판단한 다음에 콘텐츠 작성 영역을 정해야 한다. 네이버에 원하는 주제의 키워드들을 검색하며 포스팅된 콘텐츠수에 따라 비교해본다.

7. 시간적 여유가 있다면 같은 주제의 콘텐츠를 블로그와 포스트에 모두 업로드해서 동시에 운영하는 것도 방법이다.

성공적인 블로그 마케팅을 위한 단계별 체크 리스트

※ 알고 있는 내용과 실천한 것을 체크해보고, 모르는 내용이나 아직 실천하지 않은 것은 다시 확인해보세요!

✳ 네이버 블로그를 제대로 알고 있나요?

☐ 1. 네이버 블로그와 SNS, 동영상 플랫폼은 서로 도움을 줄 수 있는 마케팅 플랫폼이다.

☐ 2. 최적화 블로그의 특징은 현재 통하지 않는 방법이다.

☐ 3. 최적화 블로그를 계기로 C-Rank 알고리즘과 D.I.A. 모델이 등장했다.

☐ 4. C-Rank 알고리즘은 특정 주제에 대해 전문성 있는 콘텐츠를 지속적으로 작성하는 것이 중요하다.

☐ 5. D.I.A. 모델은 정보성과 경험이 반영된 콘텐츠와 그 콘텐츠에 대한 방문자들의 반응이 중요하다.

☐ 6. 네이버 블로그는 전문성 있고 정성스러우며 지속적인 포스팅을 해야 한다.

✳ 어떤 블로그를 만들지 계획했나요?

☐ 1. 주제와 콘셉트의 특징, 차이점 알기

☐ 2. 블로그의 주제와 콘셉트를 정하며 운영 방향과 성격 결정짓기

☐ 3. 개인 블로그와 공식 블로그의 특징을 알고 운영할 블로그 정하기

☐ 4. 블로그의 콘셉트와 연결시켜 블로그의 닉네임 정하기

○ 5. 다른 블로그의 주제, 콘셉트, 구독 대상, 특징 분석해보기

○ 6. 분석한 내용을 바탕으로 자신만의 블로그 운영 방식 세워보기

✱ 탄탄한 콘텐츠를 위한 윤곽을 설정했나요?

○ 1. 블로그를 운영하는 목적 정하기

○ 2. 블로그 운영을 위한 목표 세우기

○ 3. 네이버 챌린지 프로그램인 'HOT TOPIC 도전', '블로거, 영화를 말하다',
　　 '목표달성! 미션위젯'에 도전해보기

○ 4. 콘텐츠를 읽을 타깃 선정하기

○ 5. 주제와 콘셉트에 따라 포스팅하려는 콘텐츠의 소재 찾기

○ 6. 읽고 싶고 궁금해지는 콘텐츠의 제목 만들기

　　 ○ 연관검색어와 자동완성을 활용한 제목

　　 ○ 유명한 광고 카피나 유행어를 활용한 제목

　　 ○ 정확한 정보나 활용 방법을 알려주는 제목

　　 ○ 제품 및 서비스에 대한 후기를 알려주는 제목

✱ 같은 콘텐츠라도 다양하고 맛깔나게 표현해보았나요?

○ 1. 질문과 답변 형식으로 작성하기

○ 2. 단계를 나누어 방법 소개하기

○ 3. 칼럼 또는 일기 등 글로 작성하기

○ 4. 소제목과 강조 표시 적극 활용하기

○ 5. 사진 등 다양한 요소 활용하기

○ 6. 콘텐츠를 효과적으로 표현하는 방법을 내 콘텐츠에 다양하게 적용해보기

✱ 포스팅한 콘텐츠가 검색되고 확산되는 방법을 알고 있나요?

○ 1. 검색 상위 노출은 검색했을 때 검색 결과 페이지 상단에 노출되는 것이다.

○ 2. 검색 엔진 최적화(SEO)는 콘텐츠가 검색되고 확산되기 위해 필요한 자격을 갖추는 과정이다.

○ 3. 검색 상위 노출과 검색 엔진 최적화는 콘텐츠와 블로그에 대한 접근성 문제이므로 중요하다.

○ 4. 검색 엔진 최적화를 위해 다양한 요소를 판단한다.

　　○ 블로그명, 별명, 소개글, 프로필 이미지, 커버 이미지 등의 기본 설정 요소

　　○ 제목, 적당한 글의 길이, 이미지 등의 요소 삽입 여부와 같은 콘텐츠 요소

　　○ 태그 작성, 카테고리 설정, 공개 설정, 발행 설정 등의 부가 요소

　　○ 댓글, 공감, 공유, 체류 시간, 페이지뷰, 운영 기간 등의 판단 요소

○ 5. VIEW 영역은 광고성 콘텐츠가 아닌 사용자가 직접 경험한 콘텐츠를 우선 노출해주려 한다.

○ 6. C-Rank 알고리즘과 D.I.A. 모델을 검색 상위 노출 및 검색 엔진 최적화와 연관지어 이해한다.

○ 7. 네이버 블로그팀 공식 블로그와 네이버 검색 블로그 NAVER Search & Tech를 통해 블로그와 검색 알고리즘에 대한 다양한 소식을 받는다.

✳ 네이버의 다양한 서비스를 통해 검색 노출을 시도해보았나요?

☐ 1. 어떤 키워드를 적절하게 잘 사용했는지에 따라 검색 노출 여부가 결정되므로 키워느 선성은 매우 중요하다.

☐ 2. 네이버 광고에 신규 가입해 [키워드 도구]를 활용해본다.

☐ 3. [키워드 도구]에서 키워드별 월간 검색수, 월 평균 클릭수, 월별 검색수 추이와 사용자 통계를 확인해본다.

☐ 4. 네이버 포스트 서비스의 특징을 이해해본다.

☐ 5. 검색 노출에 블로그가 유리할지 포스트가 유리할지 판단해본다.

☐ 6. 시간적 여유가 있다면 같은 주제의 콘텐츠를 블로그와 포스트에 모두 업로드해서 동시에 운영한다.

블로그 키워드 검색량 조회로
유효 키워드 찾기

❯ 유효 키워드를 선정하는 것이 중요한 이유

콘텐츠를 포스팅할 때 무엇보다 중요한 것은 '키워드'입니다. 키워드는 포스팅한 콘텐츠를 사용자에게 연결해주는 다리 역할을 하기 때문입니다. 어떤 키워드를 적절하게 잘 사용했는지에 따라 검색 노출 여부가 결정됩니다. PART 03에서는 네이버 광고의 [키워드 도구], 네이버 데이터랩 등 네이버의 다양한 서비스를 통해 검색 노출을 꾀하는 방법을 알아보았는데, 이번에는 다른 서비스도 함께 활용해보겠습니다.

여기서 소개할 서비스는 키워드 검색량 조회로 유명한 '블랙키위'와 '키워드마스터'입니다. 두 서비스는 키워드 검색량을 조회할 수 있다는 점에서 네이버 광고의 [키워드 도구]와 유사합니다. 다만 네이버 광고의 [키워드 도구]는 네이버의 검색수, 연관키워드, 검색수 추이, 사용자 통계 등의 정보만 제공하므로 제한적입니다. 블랙키위와 키워드마스터는 네이버 광고의 [키워드 도구]에서 제공하지 않는 키워드 포화 지수나 상위 노출 블로그 정보 등 더 상세한 정보도 제공하므로 함께 사용하면 유용합니다.

키워드와 관련한 다양한 정보를 살펴보는 것이 중요한 이유는 유효 키워드를 선정하는 데 많은 도움을 주기 때문입니다. 유효 키워드란 '검색이 되는 키워드' 또는 '검색이 잘되는 키워드'를 말합니다. 아마 블로그 운영의 최종 목표는 내 블로그 및 게시글의 검색 노출일 것입니다. 물론 기본적으로는 콘텐츠의 품질이 좋아야 하지만, 콘텐츠의 품질이 아무리 좋아도 정보를 찾는 사람에게 발견되지 않으면 무용지물이겠죠. 그러므로 유효 키워드를 잘 선정해 정성껏 자성한 콘텐츠가 검색에 노출될 수 있도록 만드는 것이 중요합니다. 여기서 소개하는 방법을 참고해 유효 키워드를 찾아보세요.

❯ 블랙키위를 활용해 유효 키워드 찾기

블랙키위를 활용해 유효 키워드를 찾아보겠습니다. 먼저 블랙키위(https://black kiwi.net/)에 접속합니다. 블랙키위 이용 방법은 아주 간단합니다. 가운데에 있는 검색창에 분석하고 싶은 키워드를 입력하고 검색합니다.

▲ 키워드 검색량 조회 서비스, 블랙키위

블랙키위는 회원으로 가입하지 않아도 이용할 수 있는 무료 서비스이지만, 비회원은 1분에 1회로 검색이 제한됩니다. 로그인 시 1분에 3회를 검색할 수 있으니 필요하다면 가입한 후 서비스를 이용합니다. 키워드를 검색하고 1분이 지나지 않은 때에 다시 검색을 시도하면 다음과 같이 [검색 제한 안내]가 나타납니다.

◀ 블랙키위의 키워드 검색 제한 안내

블랙키위 검색창에 '연남동 맛집' 키워드를 검색해보았습니다. 키워드를 검색하면 [기본 정보], [연관 키워드], [트렌드 분석], [섹션 분석], [성향 분석] 탭이 나타나고, [기본 정보] 탭을 제일 먼저 보여줍니다. [월간 컨텐츠 발행량]과 [컨텐츠 포화 지수]의 경우 블로그뿐만 아니라 카페, 웹사이트로도 나누어 보여주므로 필요 시 참고할 수 있습니다.

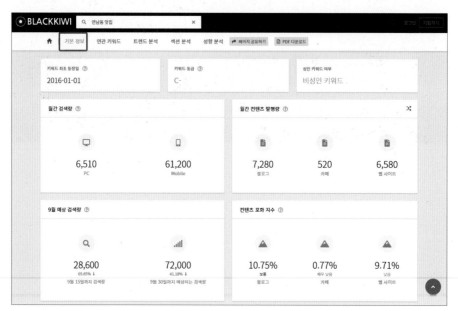

▲ 블랙키위의 키워드 검색량 조회 중 [기본 정보] 탭

[월간 컨텐츠 발행량] 오른쪽의 전환 ⊠을 클릭하면 [월간 컨텐츠 발행량]과 [전체 기간 컨텐츠 발행량]을 전환하며 확인할 수 있습니다.

▲ [월간 컨텐츠 발행량]을 [전체 기간 컨텐츠 발행량]으로 전환

[기본 정보]에서 중요하게 살펴볼 정보는 [월간 검색량], [월간 컨텐츠 발행량], [컨텐츠 포화 지수]이며, 이 세 가지를 연계해 분석하는 것이 중요합니다. [컨텐츠 포화 지수]는 검색 대비 발행된 콘텐츠가 얼마나 많은지를 보여주는 지표이며, 매우 높음부터 높음, 보통, 낮음, 매우 낮음까지 다섯 단계로 표시됩니다.

[컨텐츠 포화 지수]를 좀 더 자세히 살펴보겠습니다. 검색량은 많은데 발행량이 적다면 [컨텐츠 포화 지수]는 낮아집니다. 반대로 검색량이 적은데 발행량이 많다면 [컨텐츠 포화 지수]는 높아지겠죠. '연남동 맛집' 키워드는 [월간 검색량]과 [월간 컨텐츠 발행량]이 비슷해 [컨텐츠 포화 지수]가 보통으로 표시되는 것을 알 수 있습니다. 그럼 '포토샵 강의'라는 키워드는 어떨까요? '포토샵 강의' 키워드를 검색해보니 다음과 같이 [컨텐츠 포화 지수]가 매우 높음으로 표시됩니다. [월간 검색량]은 현저하게 낮은데 [월간 컨텐츠 발행량]이 매우 높기 때문입니다.

월간 검색량 ⑦		월간 컨텐츠 발행량 ⑦		⤬
💻	📱	📄	📄	📄
920	**620**	**2,970**	**1,850**	**3,850**
PC	Mobile	블로그	카페	웹 사이트

9월 예상 검색량 ⑦		컨텐츠 포화 지수 ⑦		
🔍	📶	🔺	🔺	🔺
770	**2,310**	**192.66%**	**120.00%**	**250.06%**
1.65% T	50.98% T	매우 높음	매우 높음	매우 높음
9월 16일까지 검색량	9월 30일까지 예상되는 검색량	블로그	카페	웹 사이트

▲ '포토샵 강의' 키워드의 [컨텐츠 포화 지수]는 매우 높음

이와 같은 방식으로 유효 키워드를 확인할 수 있습니다. [컨텐츠 포화 지수]가 높으면 검색 노출이 아무래도 더 어렵습니다. 여러 키워드를 검색해보며 [컨텐츠 포화 지수]가 적정한 유효 키워드를 찾으면 검색 노출이 훨씬 더 유리해집니다.

> **TIP 검색량과 발행량 실제로 확인해보기**
>
> 키워드를 검색해 확인하다 보면 간혹 [월간 검색량]과 [월간 컨텐츠 발행량]이 실제와 다르게 나타나는 경우가 있습니다. 데이터 집계가 제대로 되지 않았을 때 이러한 문제가 발생하곤 합니다. 이럴 경우를 대비해 네이버에 직접 검색해보며 포스팅된 콘텐츠수와 비교하고 확인하는 과정이 반드시 필요합니다. 본문의 108쪽을 참고해 검색량과 발행량을 실제로 확인해보세요.

유효 키워드를 찾을 때 내가 검색한 키워드와 연관된 키워드를 살펴보며 혹시 내가 놓치고 있는 키워드가 있는지 확인해볼 수도 있습니다.

두 번째의 [연관 키워드] 탭을 살펴보겠습니다. [연관 키워드]는 검색한 키워드와 유사한 키워드를 나열한 후 철자 유사도가 높은 순서로 먼저 보여줍니다. [키워드], [월간 검색량(PC, Mobile, 전체)], [블로그 총 발행량]을 클릭하면 클릭한 지표를 기준에 따라 오름차순 또는 내림차순으로 재정렬할 수 있습니다. 필요한 정보를 기준으로 지표를 다르게 정렬해 확인합니다. 앞서 설명했듯이 검색량과 발행량을 비교해보며 유효 키워드를 선정하는 데 참고하면 좋습니다.

키워드	월간 검색량 (PC)	월간 검색량 (Mobile)	월간 검색량 (전체)	블로그 총 발행량	철자 유사도
연남동 밥집	260	1,770	2,030	16,783	높음
연남동 피자	400	3,010	3,410	45,733	높음
연남동 브런치	450	3,050	3,500	22,610	높음
연남동 파스타	630	4,730	5,360	86,396	높음
연남동 술집	830	6,190	7,020	49,075	높음
연희동 맛집	2,620	18,600	21,220	67,816	높음
망원동 맛집	3,110	23,400	26,510	115,461	높음
연남동 카페	2,640	26,000	28,640	260,758	높음
연남동	7,010	34,500	41,510	728,681	높음
저녁메뉴	14,200	53,800	68,000	584,077	낮음
충주 맛집	6,240	69,700	75,940	52,168	낮음
홍대 맛집	7,660	75,400	83,060	1,042,538	낮음

▲ 블랙키위의 키워드 검색량 조회 중 [연관 키워드] 탭

오른쪽 상단의 컬럼 설정⚙을 클릭하면 다음과 같이 [컬럼 설정]이 나타나고 원하는 지표만 보이노록 설성할 수 있습니다.

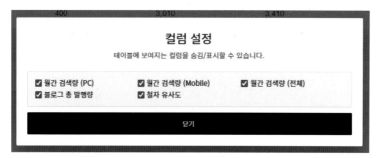

▲ [연관 키워드]에서 원하는 지표만 선택해서 볼 수 있는 [컬럼 설정]

[연관 키워드] 중 하나를 클릭하면 그 키워드의 분석 페이지가 나타납니다. 여기서는 '연남동 밥집'을 클릭해보았습니다. 다음과 같이 클릭한 '연남동 밥집' 키워드의 분석 페이지가 나타납니다.

▲ [연관 키워드] 중 하나를 클릭하면 클릭한 키워드의 분석 페이지가 나타남

[연관 키워드]에서는 [해시태그 추출] 기능도 유용하게 사용할 수 있습니다. 오른쪽 상단의 해시태그 추출#을 클릭하면 다음과 같이 [해시태그 추출]이 나타납니다. 원하는 추출 형식의 클립보드로 복사[icon]를 클릭하면 [연관 키워드]에 나타난 키워드가 모두 해시태그로 자동 추출되어 복사됩니다. 해시태그를 입력하려는 곳에 붙여 넣기만 하면 됩니다.

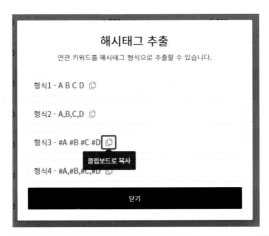

▲ [연관 키워드]의 [해시태그 추출] 기능

세 번째의 [트렌드 분석] 탭을 살펴보겠습니다. 최근 1개월 또는 1년의 검색 동향을 살펴볼 수 있는데, 이는 네이버 광고의 [키워드 도구]에서 제공하는 정보와 유사합니다. 여기서 눈여겨볼 정보는 하단의 [월별 검색 비율]과 [요일별 검색 비율]입니다. 특정 시기 또는 요일에 유효한 키워드를 찾을 때 참고하면 좋습니다.

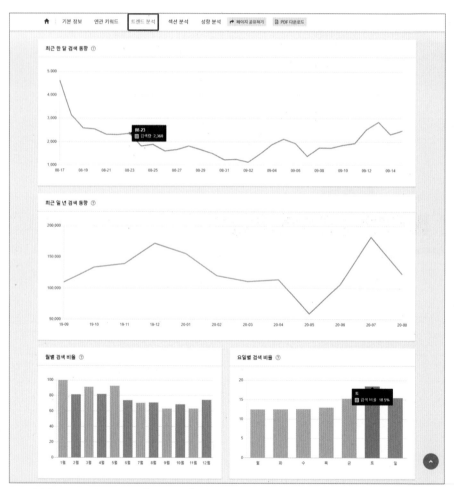

▲ 블랙키위의 키워드 검색량 조회 중 [트렌드 분석] 탭

네 번째의 [섹션 분석] 탭을 살펴보겠습니다. [섹션 분석] 탭에서는 [섹션 배치 순서 (PC, 모바일)]와 [블로그 섹션 Top10], 이렇게 두 가지 정보를 보여줍니다. 먼저 [섹션 배치 순서]에서는 어떤 키워드를 네이버에 검색했을 때 상위에 노출되는 섹션을 PC와 모바일로 나누어 보여줍니다. '연남동 맛집' 키워드를 PC에서 검색하면 파워링크, 플레이스 등의 순서로 노출됩니다. 검색했을 때 나타나는 첫 페이지에서 리뷰 섹션에 일부 블로그 게시글이 나타나긴 하지만, 블로그 섹션이 별도로 나타나지는 않습니다. 검색 첫 페이지에 블로그 섹션이 별도로 나타나지 않는 키워드는 검색 상위 노출이 훨씬 더 어렵다는 것을 알 수 있습니다.

▲ 블랙키위의 키워드 검색량 조회 중 [섹션 분석] 탭

다른 키워드와 비교해보겠습니다. '연남동 맛집' 키워드 대신 '블로그 키워드 검색량 조회' 키워드를 살펴보겠습니다. '블로그 키워드 검색량 조회' 키워드는 다음과 같이 블로그 섹션이 제일 먼저 나타납니다. 이러한 [섹션 분석]을 통해서는 내가 블로그에 작성한 게시글이 상위 노출됐을 때 최상단 위치기 어디인지 파악해볼 수 있습니다.

PC 섹션 배치 순서 ⑦		Mobile 섹션 배치 순서 ⑦	
1 블로그 5개의 콘텐츠 노출 중		1 VIEW 4개의 콘텐츠 노출 중	
2 동영상 4개의 콘텐츠 노출 중		2 웹사이트 4개의 콘텐츠 노출 중	
3 카페 5개의 콘텐츠 노출 중		3 뉴스 4개의 콘텐츠 노출 중	
4 웹사이트 3개의 콘텐츠 노출 중		4 동영상 5개의 콘텐츠 노출 중	
5 지식iN 3개의 콘텐츠 노출 중		5 이미지 20개의 콘텐츠 노출 중	
6 뉴스 5개의 콘텐츠 노출 중			
7 이미지			
8 뉴스토픽			

▲ '블로그 키워드 검색량 조회' 키워드의 [섹션 분석] 탭

[섹션 분석] 탭의 [블로그 섹션 Top10]에서 상위 노출 블로그의 정보도 확인할 수 있습니다. 내가 원하는 키워드로 상위 노출된 블로그를 살펴보며 벤치마킹을 해보는 것도 방법입니다.

블로그 섹션 Top10 ⑦

순위	블로그 타입	블로그명	포스팅 제목	일 평균 방문 수
1	NAVER	기억, 추억, 생각	연남동 맛집 베르데 멕시칸 식당 맛있자나	7,607
2	ETC.	꿈을 낚는 백지스토리	모두가 좋아하는 연남동 맛집	-
3	NAVER	몽나랜드	연남동 맛집 ::미쁘동	5,695
4	NAVER	TODAY TOMORROW	손에 꼽는 연남동 맛집	3,190
5	ETC.	Shoot for the Sky!	감탄 터진 연남동 맛집	-
6	NAVER	쥬나의 백터지는 세상~포아…	연남동 맛집 기억에 남는 곳 모음	4,887
7	NAVER	코코의 세렌디피티	반해버린 연남동 맛집	1,236
8	NAVER	UR:)서영이의 고밀 블로그♡	예술이었던 연남동 맛집	9,340
9	NAVER	맛있는 세상은 바로 여기	연남동 맛집 신선한 빵으로 만든 버거	3,370
10	NAVER	Carpe diem.	내가 인정하는 연남동 맛집 LIST 6	2,232

▲ [섹션 분석] 탭의 상위 노출 블로그 정보

마지막으로 [성향 분석] 탭을 살펴보겠습니다. [연령별 검색 비율]과 [성별 검색 비율]은 네이버 광고의 [키워드 도구]에서도 확인할 수 있는 정보입니다. 그러니 여기서 눈여겨볼 정보는 [이슈성]과 [정보성/상업성 성향]입니다.

[이슈성]은 검색량 변동 수치를 보여주며, 검색량 변동이 심할수록 수치가 높게 나타납니다. 다시 말해 검색량이 많더라도 이슈성이 높으면 앞으로 검색량이 급격하게 줄어들 수 있다는 의미입니다. [정보성/상업성 성향]은 키워드를 검색하고 나서 하는 행동과 관련된 수치입니다. 예를 들어 어떤 키워드를 검색한 후 광고에 대한 관심도가 높거나 쇼핑 관련 콘텐츠를 찾는다면 상업성 수치가 높게 나타납니다.

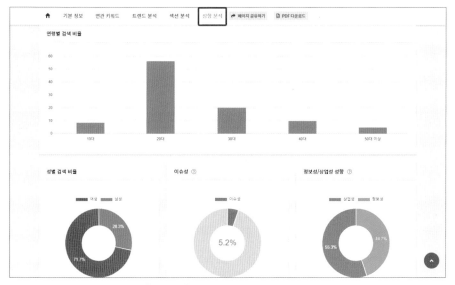

▲ 블랙키위의 키워드 검색량 조회 중 [성향 분석] 탭

이렇게 키워드 검색량 조회 서비스인 블랙키위의 활용법을 모두 살펴보았습니다. 블랙키위의 다양한 정보를 적극적으로 활용하면 유효 키워드를 찾는 데 매우 도움이 될 것입니다. 여러 지표를 분석해보고 실제로 키워드를 선정해서 검색 상위 노출에 도전해보길 바랍니다.

> **TIP** 데이터는 참고용으로만 확인하기
>
> 키워드 검색량 조회 서비스에서 보여주는 정보는 유효 키워드를 찾는 데 큰 도움이 됩니다. 다만 불변의 절대적인 지표는 아니니 참고용으로만 확인하는 것을 권장하며, 실제로 블로그에 게시글을 작성해보며 확인하는 것이 좋습니다.

❯ 키워드마스터를 활용해 유효 키워드 찾기

네이버 광고의 [키워드 도구]와 블랙키위를 이미 사용해봤다면 키워드마스터도 어렵지 않게 활용할 수 있습니다. 키워드 검색량 조회 방식은 유사합니다. 먼저 키워드마스터(http://www.whereispost.com/keyword/)에 접속하면 키워드마스터 사용방법에 관해 간단히 소개하고 있는 페이지를 확인할 수 있습니다.

▲ 키워드 검색량 조회 서비스, 키워드마스터

TIP **블로그 검색 노출 누락 확인하기**

왼쪽 상단 메뉴에서 [웨어이즈포스트]를 클릭해 블로그 주소를 입력하면 해당 블로그가 네이버 블로그 영역에 제대로 노출되고 있는지 확인할 수 있습니다. [상태]에 검색 노출 여부를 표시해줍니다. 검색 노출이 누락되었는지 확인할 수 있어 유용하므로 키워드마스터와 함께 활용하면 좋습니다.

⌂ 한빛미디어

ID	제목	상태
/blog.naver.com/hanbitstory/222090840785	[유튜브 꿀팁 #2] 유튜브로 동영상에 워터마크(로고) 삽입하기	✓
/blog.naver.com/hanbitstory/222088965579	[한글(hwp) 꿀팁] 단축키로 한글 표(hwp) 쉽게 만들기!	✓
/blog.naver.com/hanbitstory/222085456089	[오토캐드 기초 꿀팁#3] 오토캐드 명령어 모음(오토캐드 핵심 명령어, 오토캐드 단축키)	✓
/blog.naver.com/hanbitstory/222085407649	[오토캐드 기초 꿀팁#2] 오토캐드 명령 입력, 명령 실행(초보자를 위한 오토캐드 명령어)	✓

상단의 키워드 검색창에 원하는 키워드를 입력해 조회합니다. 여기서는 '연남동 맛집' 키워드를 검색해보겠습니다. 다음과 같이 [관련키워드], [PC 검색량], [모바일 검색량], [총조회수], [문서수], [블로그순위] 정보가 나타납니다. 보여주는 정보는 매우 단순하지만, 유효 키워드를 선정하는 데 꽤 도움이 됩니다.

관련키워드

연남동 맛집 연남동 맛집 육구덮밥 서울 연남동 맛집 연남동 맛집 best 20 연남동 맛집 베스트10 연남동 맛집 지도 연남동 맛집 추천
연남동 맛집 주차 연남동 곱창 맛집 연남동 파스타 맛집 연남동 숨은 맛집 연남동 브런치 맛집 연남동 저렴한 맛집

-	키워드	PC 검색량	모바일 검색량	총조회수	문서수	블로그순위 ▼
-	연남동 맛집	6,510	61,200	67,710	276,431	N N N N N N N N N N

엑셀 다운로드

▲ 키워드마스터에서 '연남동 맛집' 키워드의 검색량 조회

우선 블랙키워드와 마찬가지로 검색량 대비 발행량을 비교해보며 유효 키워드를 찾을
수 있습니다. [총조회수]는 전체 검색량을 의미하고, [문서수]는 콘텐츠 발행량을 의미
합니다. [총조회수]가 높은데 [문서수]가 낮다면 이는 사용자들이 검색하는 것에 비해
블로그 게시글이 많지 않다는 의미입니다. 반대로 [총조회수]가 낮은데 [문서수]가 높
다면 사용자들이 검색하는 것에 비해 블로그 게시글이 많다는 의미입니다. 이를 잘 파
악해보며 유효 키워드를 찾아낼 수 있습니다. 대부분의 키워드 검색량 조회 서비스의
핵심이 이와 유사하므로 어렵지 않게 키워드마스터를 활용할 수 있습니다.

[블로그순위]에 나타난 N에 마우스 포인터를 올리면 상위 노출된 네이버 블로그 게
시글의 제목 등 요약 정보가 나타납니다. N을 클릭하면 네이버 블로그 게시글을 바
로 확인할 수도 있습니다.

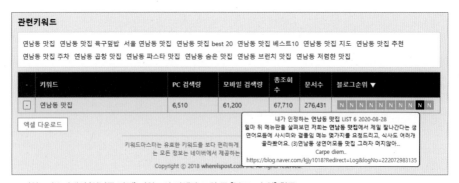

▲ 키워드마스터에서 '연남동 맛집' 키워드의 검색량 조회 중 [블로그순위] 항목

> **TIP** [블로그순위] 아이콘 의미

[블로그순위]에 나타난 N은 네이버 블로그를 의미하고, T는 티스토리 블로그, D는 다음
블로그, E는 기타 웹사이트를 의미합니다.

·	키워드	PC 검색량	모바일 검색량	총조회수	문서수	비율	블로그순위 ▼
·	다음 카페 고객센터	0	40	40	52,833	1320.825	N D T D D D N N N
·	검색 엔진 최적화 a to z	10	0	10	5,565	556.500	N E N N N N T N E
·	구글 시대화	10	40	50	113,042	2260.840	N N N N N N N N N

앞서 설명했듯이 키워드마스터를 활용해 유효 키워드를 찾는 방법은 다른 키워드 검
색량 조회 서비스와 크게 다르지 않습니다. 그렇다면 키워드마스터는 무엇이 다를까
요? 키워드마스터의 가장 큰 특징은 원하는 키워드만 모아 검색량 및 발행량을 비교
해볼 수 있다는 점입니다. 다음과 같이 [관련키워드]에 나타난 키워드를 클릭하면 조
회 결과에 바로 추가됩니다.

관련키워드

연남동 맛집   연남동 맛집 육구덮밥   서울 연남동 맛집   연남동 맛집 best 20   연남동 맛집 베스트10   연남동 맛집 지도   연남동 맛집 추천
연남동 맛집 주차   연남동 곱창 맛집   연남동 파스타 맛집   연남동 숨은 맛집   연남동 브런치 맛집   연남동 저렴한 맛집

-	키워드	PC 검색량	모바일 검색량	총조회수	문서수	블로그순위 ▼
⊡	연남동 맛집	6,510	61,200	67,710	276,431	N N N N N N N N N N

엑셀 다운로드

관련키워드

연남동 맛집   연남동 맛집 육구덮밥   서울 연남동 맛집   연남동 맛집 best 20   연남동 맛집 베스트10   연남동 맛집 지도   연남동 맛집 추천
연남동 맛집 주차   연남동 곱창 맛집   연남동 파스타 맛집   연남동 숨은 맛집   연남동 브런치 맛집   연남동 저렴한 맛집

-	키워드	PC 검색량	모바일 검색량	총조회수	문서수	블로그순위 ▼
⊡	서울 연남동 맛집	40	220	260	76,866	N N N N N N N N N N
⊡	연남동 맛집	6,510	61,200	67,710	276,431	N N N N N N N N N N

엑셀 다운로드

▲ [관련키워드]를 클릭하면 키워드 검색량을 함께 확인 가능

이 상태로 상단의 키워드 검색창에 원하는 키워드를 추가로 입력해 조회하면 마찬가
지로 조회 결과가 추가됩니다. 다음과 같이 여러 개의 키워드를 추가해 검색량 및 발
행량을 비교해볼 수도 있습니다.

관련키워드

연남동 맛집 연남동 맛집 육구덮밥 서울 연남동 맛집 연남동 맛집 best 20 연남동 맛집 베스트10 연남동 맛집 지도 연남동 맛집 추천
연남동 맛집 주차 연남동 곱창 맛집 연남동 파스타 맛집 연남동 숨은 맛집 연남동 브런치 맛집 연남동 저렴한 맛집

-	키워드	PC 검색량	모바일 검색량	총조회수	문서수	블로그순위 ▼
·	연남동 맛집 추천	0	20	20	13,609	N N N N N N N N N
·	연남동 저렴한 맛집	0	20	20	13,096	N N N N N N N N N
·	연남동 숨은 맛집	10	60	70	3,223	N N N N N N N N N
·	서울 연남동 맛집	40	220	260	76,866	N N N N N N N N N
·	연남동 맛집	6,510	61,200	67,710	276,431	N N N N N N N N N

엑셀 다운로드

▲ [관련키워드]를 여러 개 추가해 키워드 검색량을 함께 확인

이렇게 블랙키위와 키워드마스터 활용 방법을 모두 살펴보았습니다. 이외에도 많은 키워드 검색량 조회 서비스가 있습니다. 키워드 검색량 조회 서비스마다 보여주는 정보와 특징이 다르지만, 궁극적으로 유효 키워드를 찾는다는 목적은 동일합니다. 몇몇 키워드 검색량 조회 서비스를 한두 번만 이용해보면 활용 방법을 쉽게 익힐 수 있습니다. 필요에 따라 여러 서비스를 함께 활용하면 좋습니다.

〉 블로그 관리 페이지의 [내 블로그 통계] 중 [유입분석] 활용하기

마지막으로 꼭 살펴봐야 할 정보는 블로그 관리 페이지의 [내 블로그 통계] 중 [유입분석]입니다. 내 블로그에 유입되는 방문자들이 어떤 키워드를 검색해 방문했는지도 함께 확인해야 합니다. 내 블로그에서 인기 있는 콘텐츠, 인기 있는 키워드를 좀 더 활용해 콘텐츠를 발행해보는 것도 방법이 될 수 있기 때문입니다.

▲ 블로그 관리 페이지의 [내 블로그 통계] 중 [유입분석]

그리고 방문자들이 주로 검색해 들어오는 키워드를 실제로 네이버에 검색해보며 게시
글이 어느 위치에 노출되고 있는지 확인해보는 것도 중요합니다. 또한 함께 노출되고
있는 다른 블로그의 게시글과 비교해보며 좀 더 상위에 노출될 수 있는 전략을 세워볼
수도 있습니다.

N blog

N 블로그

나만의 특색 있는 블로그 만들고 꾸미기

블로그를 어떻게 운영해야 하는지 블로그 기획부터 콘텐츠 작성 전략, 키워드, 통계, 검색 상위 노출 방법까지 모두 알아보았습니다. 지금부터는 이렇게 알아본 내용을 바탕으로 블로그를 만들고 꾸며보겠습니다. 블로그 운영도 중요하지만, 방문자의 시선을 사로잡을 수 있는 잘 갖춰진 블로그를 만들어내는 것도 매우 중요합니다. 차근 차근 따라 하면 멋진 블로그를 만들 수 있으니 계속 방문하고 싶어지는 블로그로 완성해보기 바랍니다.

블로그 개설하고
기본 설정하기

01　내 블로그에 접속하기

내 블로그는 네이버의 메인 페이지 또는 네이버 블로그 홈에서 접속할 수 있습니다. 네이버 아이디가 없다면 네이버에 가입하고 로그인한 후 다음 과정을 따라 합니다.

01 먼저 네이버의 메인 페이지에서 접속하는 방법입니다. 네이버에 로그인한 후 ❶ 내 프로필의 [블로그] 탭을 클릭합니다. ❷ [내 블로그]를 클릭합니다.

02 네이버 블로그 홈에서 접속하는 방법도 알아보겠습니다. 네이버 메인 페이지에서 ❶[블로그]를 클릭해 네이버 블로그 페이지로 이동합니다. ❷[내 블로그]를 클릭합니다.

02 블로그 쉽게 만들기

예제 소스를 다운로드하는 방법은 이 책의 10쪽을 참고하세요. ▶ 준비 파일 | PART 04\블로그 프로필 이미지.png

01 내 블로그에 처음 접속하면 다음과 같이 [블로그 쉽게 만들기]가 자동으로 시작됩니다. [시작하기]를 클릭합니다.

TIP [블로그 쉽게 만들기]가 없어졌다면?

[나중에 할래요]를 클릭하거나 인터넷 브라우저를 종료하면 다시 블로그에 접속했을 때 아무 설정도 하지 않은 블로그가 나타납니다. [블로그 쉽게 만들기]를 다시 불러오려면 158쪽의 블로그 관리 페이지 내용을 참고하길 바랍니다.

02 스킨은 블로그의 디자인과 레이아웃을 미리 구성한 템플릿입니다. 원하는 스킨에 마우스 포인터를 올려 [이 스킨 사용하기]를 클릭합니다. 여기서는 [설레이는 미끄럼틀] 스킨을 사용합니다.

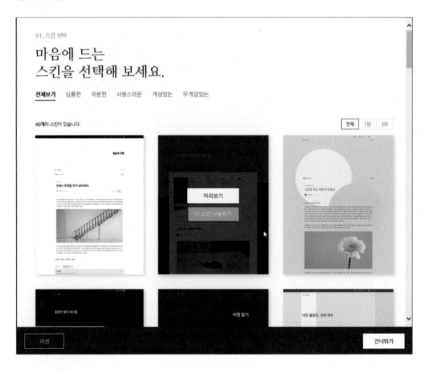

NOTE 네이버 블로그 전문가의 실전 노하우

블로그 꾸미기는 왜 중요할까?

지금까지 우리는 블로그 운영 전략을 주로 살펴보았습니다. 콘텐츠 작성의 중요성을 무척 강조했는데요. 그럼 콘텐츠만 잘 작성하면 방문자를 사로잡을 수 있을까요? 예를 하나 들어보겠습니다. 우리가 오프라인 매장에 들어갔을 때 가장 먼저 눈에 보이는 것은 무엇일까요? 아마 매장 인테리어나 청결함의 정도일 것입니다. 아무리 판매하고 있는 제품이 좋아도 잘 관리되지 않은 매장이라면 들어가기가 꺼려지고 들어가더라도 금방 나오게 됩니다.

블로그도 마찬가지입니다. 누군가가 처음 방문했을 때 시각적으로 잘 관리되지 않은 느낌이 든다면 콘텐츠의 신뢰성까지 떨어질 수 있습니다. 다양한 방법으로 블로그를 쉽게 꾸밀 수 있으니, 최소한 [블로그 쉽게 만들기]를 이용해서라도 꼭 블로그를 꾸며두길 바랍니다.

03 다음으로 블로그 정보를 입력합니다. ❶ [프로필 이미지]의 [이미지 등록]을 클릭합니다. [업로드할 파일 선택] 대화상자가 나타나면 ❷ 프로필 이미지로 사용할 이미지를 선택한 후 ❸ [열기]를 클릭합니다.

04 ❶ [별명]에 별명을 입력하고 ❷ [블로그명]에 블로그의 이름을 입력합니다. 오른쪽의 미리 보기를 보면 [프로필 이미지], [블로그명], [별명]에 입력한 정보가 실시간으로 적용되는 것을 확인할 수 있습니다. ❸ [완성하기]를 클릭합니다.

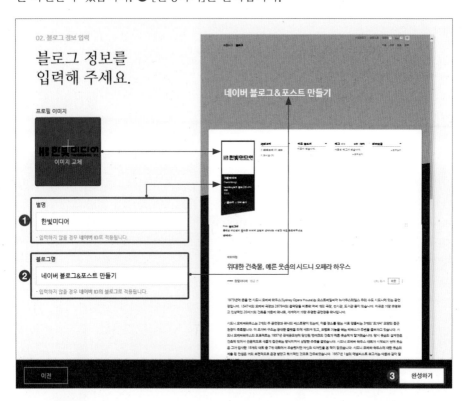

NOTE 네이버 블로그 전문가의 실전 노하우

📄 자신만의 차별화된 별명과 블로그명 짓기

별명과 블로그명은 네이버 검색 시 노출되는 부분이므로 잘 고려해서 작성해야 합니다. PART 01 에서 내 블로그의 주제나 콘셉트에 따라 별명 및 블로그명을 어떻게 설정하면 좋을지 알아보았습니다. 기억이 잘 나지 않는다면 PART 01을 참고해 자신만의 차별화된 별명과 블로그명을 설정해 보세요.

05 완성 페이지에서 [내 블로그 가기]를 클릭합니다.

06 다음과 같이 블로그가 간단히 완성되었습니다.

[블로그 쉽게 만들기]를 활용하면 크게 힘들이지 않고 블로그를 쉽게 꾸밀 수 있습니다. 블로그 방문자에게는 시각적으로 보이는 부분도 중요하므로 최소한 [블로그 쉽게 만들기]를 이용해서라도 꼭 꾸며두길 바랍니다.

블로그 관리 페이지를 살펴보겠습니다. 관리 페이지에서는 블로그의 기본 정보 설정뿐만 아니라 디자인 설정, 메뉴와 글 관리, 통계 등 다양한 항목을 확인해볼 수 있습니다. 여기서 소개하는 내용은 최소한 꼭 해두어야 하는 설정들입니다. 설정을 완료한 후에는 다른 관리 메뉴도 하나씩 클릭해보며 어떤 메뉴가 있는지 꼭 살펴보기 바랍니다.

01 내 블로그에서 프로필의 [관리]를 클릭하면 관리 페이지가 나타납니다.

02 네이버 블로그 관리 페이지의 구조는 다음과 같습니다.

① **탭 영역** | [기본 설정], [꾸미기 설정], [메뉴·글·동영상 관리], [내 블로그 통계]로 나뉜 탭 영역입니다. [전체보기]를 클릭하면 모든 관리 메뉴를 확인할 수 있습니다.

② **메뉴 영역** | 클릭한 탭의 상세 메뉴가 나타나는 영역입니다.

③ **설정 영역** | 각 메뉴를 클릭하면 나타나는 설정 페이지입니다.

④ **블로그 쉽게 만들기** | 처음 블로그를 개설할 때 사용한 [블로그 쉽게 만들기] 메뉴입니다. 클릭하면 다시 [블로그 쉽게 만들기]를 불러올 수 있습니다.

⑤ **블로그 글쓰기** | 관리 페이지에서 바로 블로그에 글을 포스팅할 때 사용합니다.

전체보기 페이지 살펴보기

[전체보기]를 클릭하면 다음과 같이 관리 페이지의 모든 메뉴를 확인할 수 있습니다. 앞서도 이야기했듯이 최소한의 설정을 마치고 나면 꼭 모든 메뉴를 한 번씩 클릭해보며 어떤 것이 있는지 확인해보세요.

04 블로그 기본 정보 작성하기

기본 설정 페이지 구성 요소 살펴보기

NAVER 블로그 관리

기본 설정   꾸미기 설정

기본 정보 관리
❶ 블로그 정보
❷ 블로그 주소
❸ 프로필 정보
❹ 기본 에디터 설정

사생활 보호
❺ 블로그 초기화
❻ 방문집계 보호 설정
❼ 콘텐츠 공유 설정

스팸 차단
❽ 스팸 차단 설정
❾ 차단된 글목록
❿ 댓글·안부글 권한

열린이웃
⓫ 이웃·그룹 관리
⓬ 나를 추가한 이웃
⓭ 서로이웃 맺기

⓮ 공지사항   ＞

⓯ 블로그 이용 Tip   ＞

⓰ 블로그 스마트봇 *Beta*   ＞

● **기본 정보 관리**

① **블로그 정보** | 블로그명과 별명, 소개글, 블로그 주제와 프로 필 이미지를 등록합니다. [블로그 쉽게 만들기]를 사용했다면 일부 내용이 이미 입력되어 있습니다.

② **블로그 주소** | 예전에는 블로그의 접속 주소를 변경할 수 있 었으나, 2020년 1월부터 네이버 도메인 주소만 사용 가능하 도록 정책이 변경되었습니다.

③ **프로필 정보** | 자신의 실명과 성별 정보의 공개 여부를 설정 할 수 있습니다.

④ **기본 에디터 설정** | 스마트에디터 ONE과 스마트에디터 2.0 중에 선택할 수 있고 에디터 사용 시 기본 서체를 설정할 수 있습니다.

● **사생활 보호**

⑤ **블로그 초기화** | 블로그의 모든 정보를 초기화합니다. 유예 기간 동안에는 초기화를 취소할 수 있습니다.

⑥ **방문집계 보호 설정** | 블로그 통계에 나의 방문수를 집계할지 여부를 설정합니다.

⑦ **콘텐츠 공유 설정** | 저작권, 자동출처, 마우스 오른쪽 버튼 클 릭 금지, 음악 파일 자동재생 여부 등을 설정합니다.

● **스팸 차단**

⑧ **스팸 차단 설정** | 특정 ID나 블로그, 스팸글 키워드 등의 스 팸 필터를 설정해 차단합니다.

⑨ **차단된 글목록** | 차단된 스팸 ID와 댓글 등을 3개월간 보관합니다. 잘못 차단된 댓글, 안부 글, 이웃 신청을 복구할 때 사용합니다.

⑩ **댓글 · 안부글 권한** | 댓글과 안부글의 작성 권한을 비밀글 또는 내 이웃만 작성 가능하도록 설정합니다.

● **열린이웃**

⑪ **이웃 · 그룹 관리** | 이웃 신청, 서로이웃 신청 허가, 그룹별 이웃 관리 등을 설정합니다.

⑫ **나를 추가한 이웃** | 나를 이웃으로 추가한 사람을 관리합니다.

⑬ **서로이웃 맺기** | 서로이웃 신청을 관리합니다. 서로이웃 신청을 보내거나, 받은 신청을 수락 또는 거절할 수 있습니다.

● **기타 메뉴**

⑭ **공지사항** | 네이버 블로그의 기능 개선 및 서비스 점검 등 새로운 소식을 안내합니다.

⑮ **블로그 이용 팁** | 네이버 블로그팀에서 운영하는 공식 블로그로 연결됩니다.

⑯ **블로그 스마트봇** | 블로그 사용에 관한 질문을 할 수 있는 인공지능 스마트봇 채팅창으로 연결됩니다.

내 블로그 정보와 프로필 작성하기

기본 설정 페이지의 [블로그 정보] 메뉴에서 기본적인 블로그 정보를 입력할 수 있습니다. 하나씩 설정해보겠습니다.

01 ❶ [블로그명]에 블로그의 이름을 입력합니다. [블로그명]은 인터넷 브라우저의 제목 표시줄과 블로그의 타이틀 등에도 적용됩니다. ❷ [별명]에 나를 나타내는 별명을 입력합니다. 다른 블로그에서 댓글을 작성할 때도 이 별명이 사용됩니다. ❸ [소개글]에 나를 소개할 수 있는 내용을 입력합니다. 블로그를 포트폴리오로 사용하려면 개인 이메일 주소와 같이 연락할 수 있는 수단을 입력하는 것도 좋습니다. ❹ [내 블로그 주제]를 선택하면 프로필 영역에 노출됩니다. 자신의 블로그 주제에 따라 적절한 것으로 선택합니다.

TIP 블로그 정보가 이미 입력되어 있다면?

처음에 [블로그 쉽게 만들기]로 블로그를 설정했다면 [블로그명]과 [별명], [블로그 프로필 이미지]가 이미 입력되어 있습니다.

---

02 [블로그 프로필 이미지]에서 나를 대표하는 프로필 이미지를 등록하거나 삭제할 수 있습니다. 이미지를 등록해보겠습니다. ❶ [블로그 프로필 이미지]의 [등록]을 클릭한 후 [이미지 첨부] 대화상자가 나타나면 ❷ [찾아보기]를 클릭합니다. ❸ 등록할 이미지를 선택한 후 ❹ [열기]를 클릭합니다. ❺ [이미지 첨부] 대화상자에서 [확인]을 클릭합니다.

03 블로그 프로필 이미지가 등록되었습니다.

04 모든 정보의 입력이 완료되면 ❶ [확인]을 클릭합니다. 성공적으로 반영되었다는 메시지가 표시됩니다. ❷ [확인]을 클릭합니다.

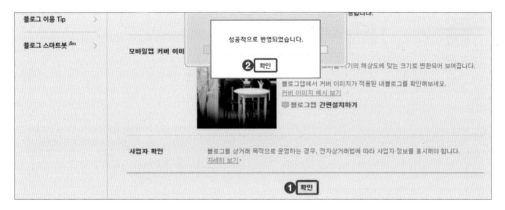

05 [내 블로그]에 변경된 블로그 정보가 적용된 것을 확인할 수 있습니다.

계속 방문하고 싶어지는
블로그로 꾸미기

01 블로그 꾸미기 설정 살펴보기

꾸미기 설정 페이지 구성 요소

● **스킨**

① **스킨 선택** | 네이버에서 기본으로 제공하는 스킨을 선택할 수 있습니다.

② **내 스킨 관리** | 내가 만든 스킨을 관리하거나 [아이템 팩토리]에서 담은 스킨을 관리합니다.

● **디자인 설정**

③ **레이아웃 · 위젯 설정** | 블로그의 레이아웃과 위젯을 설정합니다. 레이아웃은 블로그의 메뉴와 위젯, 프로필 등의 위치 및 크기를 말합니다. 위젯은 링크 배너, 날씨, RSS 피드 등 다양한 기능을 가진 추가 메뉴를 말합니다.

④ **세부 디자인 설정** | 스킨 배경, 타이틀, 메뉴 및 박스 디자인 등의 세부 디자인 항목을 설정합니다.

⑤ **타이틀 꾸미기** | 세부 디자인 설정의 타이틀 설정 페이지로 이동합니다.

⑥ **글 · 댓글 스타일** | 글과 댓글의 디자인 스타일을 설정합니다.

● **아이템 설정**

⑦ **퍼스나콘** | 개인 퍼스나콘을 관리합니다.

⑧ **뮤직** | 아이템 팩토리의 뮤직샘에서 구입한 음원을 관리합니다.

⑨ **폰트** | 블로그의 폰트 스타일을 관리합니다.

● **네이버 페이 · 선물 내역**

⑩ **페이 이용내역** | 네이버 페이의 이용 내역을 관리합니다.

⑪ **아이템 선물내역** | 아이템을 주고받은 내역을 관리합니다.

세부 디자인 설정의 리모콘 기능

① **스킨배경** | 블로그의 배경 이미지를 꾸밀 수 있습니다. 네이버에서 기본으로 제공하는 [스타일]을 선택하거나 [컬러]로 단색 배경을 설정할 수 있으며, [직접등록]으로 내가 직접 만든 배경을 등록할 수도 있습니다.

② **타이틀** | 블로그의 얼굴과 마찬가지인 타이틀을 설정합니다. 크기와 위치를 조절하거나 이미지를 등록할 수 있습니다.

③ **네이버 메뉴** | 블로그 상단의 내 메뉴 및 로그인 버튼의 디자인을 설정합니다.

④ **블로그 메뉴** | 블로그의 메뉴 디자인을 설정합니다.

⑤ **전체 박스** | 블로그의 테두리 프레임을 설정합니다.

⑥ **구성 박스** | 카테고리 등 사이드바 내부 메뉴의 디자인을 설정합니다.

⑦ **그룹 박스** | 사이드바의 디자인을 설정합니다.

⑧ **글 · 댓글 스타일** | 게시글과 댓글의 디자인을 설정합니다.

⑨ **프로필** | 내 프로필의 디자인을 설정합니다.

⑩ **RSS / 블로그 로고** | RSS와 네이버 블로그 로고를 설정합니다.

⑪ **스킨 변경** | 스킨 변경 페이지로 이동합니다.

⑫ **레이아웃 변경** | 레이아웃 변경 페이지로 이동합니다.

---

02 블로그 타이틀 꾸미기

스타일로 타이틀 설정하기

꾸미기 설정 페이지에서 [타이틀 꾸미기] 메뉴를 클릭하면 세부 디자인 설정 페이지로 이동하며 페이지 오른쪽에 리모콘 메뉴 박스가 나타납니다. 리모콘의 [타이틀] 메뉴에서 블로그 타이틀의 세부 디자인을 설정할 수 있는데, [디자인] 항목의 [스타일] 탭에서 네이버에서 기본으로 제공하는 타이틀 이미지의 섬네일을 확인할 수 있습니다.

01 ❶ 리모콘의 [타이틀] 메뉴를 클릭하고 ❷ [스타일] 탭에서 ❸ 산토리니 이미지의 섬네일을 클릭합니다. 타이틀에 선택한 배경이 표시됩니다.

02 다른 타이틀 스타일도 선택해보겠습니다. ❶ 원하는 이미지의 섬네일을 클릭하고 ❷ [영역 높이]를 300으로 조정합니다. 타이틀에 배경이 표시됐지만 이와 같은 스타일은 [영역 높이]가 고정되어 있어 디자인이 제한적입니다.

[스타일] 탭의 배경 이미지를 활용한 디자인은 손쉽게 설정할 수 있다는 장점이 있지만, 배경이 산만해 보여 블로그 타이틀의 가독성을 해칠 수도 있습니다. 다음으로는 가독성이 뛰어난 단색 배경으로 타이틀을 설정하는 방법을 살펴보겠습니다.

색상으로 타이틀 설정하기

색상만으로도 타이틀을 꾸밀 수 있습니다. 잘 설정하면 가독성이 좋고 눈에 띄는 타이틀을 만들 수 있습니다.

01 ❶ [컬러] 탭을 클릭한 후 색상표에서 ❷ 원하는 색상을 선택합니다. 여기서는 짙은 파란 색인 **#273971**을 입력한 후 ❸ [입력]을 클릭합니다.

02 타이틀 텍스트를 가운데로 정렬해보겠습니다. ❶ [정렬]을 클릭한 후 ❷ [가운데 정렬]을 클릭합니다.

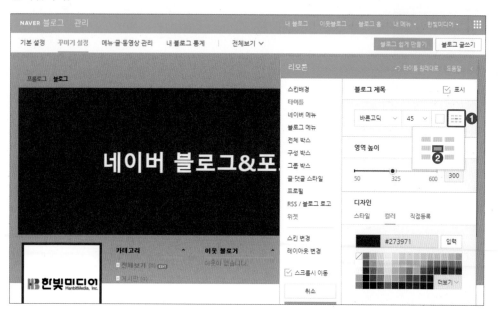

이렇게 색상만으로 꾸민 타이틀은 스킨 구성에 따라 세련된 블로그처럼 보일 수 있으나 그렇지 않을 경우 매우 심심한 디자인처럼 보입니다. 이번에는 타이틀 이미지를 직접 등록하는 방법도 알아보겠습니다.

타이틀 이미지 직접 등록하기

자신만의 이미지를 이용해 타이틀을 직접 꾸밀 수 있습니다. 그러나 이 단계에서는 직접 만든 이미지가 아닌 OGQ에서 제공하는 무료 이미지를 사용해보겠습니다.

01 ❶ [직접등록] 탭을 클릭한 후 ❷ [무료 이미지]를 클릭합니다. ❸ **책**을 입력한 후 검색 결과에서 적당한 이미지를 찾아 클릭합니다. ❹ 여기서는 [CoolPubilcDomains]를 선택했습니다.

02 [블로그 제목]에서 ❶ [글꼴]을 [나눔고딕]으로 설정합니다. ❷ [정렬]을 클릭한 후 ❸ [우측 하단 정렬]을 클릭합니다. ❹ [영역 높이]에 **600**을 입력합니다. ❺ [적용]을 클릭합니다.

03 [세부 디자인 적용] 대화상자가 나타나면 ❶ [내가 만든 스킨에 저장합니다.]에 체크한 후 ❷ **처음 만든 블로그 스킨**이라고 입력합니다. ❸ [적용]을 클릭합니다. ❹ [확인]을 클릭해 [내 스킨 관리] 페이지로 이동합니다.

04 [내 스킨 관리] 페이지의 [내가 만든 스킨] 탭에서 저장된 스킨을 확인할 수 있습니다. 내가 직접 만든 스킨은 아이템 팩토리에 공유할 수도 있습니다.

05 내 블로그로 돌아가면 이미지를 사용한 타이틀이 적용된 것을 확인할 수 있습니다.

03 블로그 스킨 적용하기

네이버에서 기본으로 제공하는 스킨 살펴보기

네이버에서 기본으로 제공하는 스킨을 이용해 깔끔한 스타일의 블로그를 만들 수 있습니다.
[꾸미기 설정] 탭의 [스킨]-[스킨 선택] 메뉴를 클릭하면 기본 스킨의 목록이 나타납니다. 이
중에서 선택해 손쉽게 스킨을 적용할 수 있습니다.

아이템 팩토리의 스킨 적용하기

아이템 팩토리의 스킨샘에서 사용자들이 만들고 공유한 스킨을 담아 적용할 수 있습니다. 퀄
리디가 좋은 스킨이 많지만, 아이템 스킨의 원저작자 요청으로 해당 스킨을 더 이상 서비스하
지 않을 경우 내 블로그에서 사용하지 못할 수 있습니다.

01 [꾸미기 설정] 탭에서 ❶ [내 스킨 관리] 메뉴를 클릭합니다. ❷ [아이템 팩토리 바로가기]를 클릭하면 네이버 아이템 팩토리의 스킨샘으로 이동합니다.

02 마음에 드는 스킨을 선택한 후 클릭합니다. ❶ 여기서는 [싸이월드]라는 스킨을 사용하겠습니다. ❷ 만약 [싸이월드] 스킨이 보이지 않는다면 검색해서 해당 스킨을 찾을 수 있습니다. 또는 마음에 드는 다른 스킨을 골라도 됩니다. 설정하는 방법은 동일합니다.

03 스킨 상세 보기 페이지로 이동하면 ❶ [아이템 담기]를 클릭합니다. [아이템 담기]가 나타나면 ❷ [스킨 바로 적용]을 클릭합니다. 스킨을 공유한 작가에게 감사의 인사를 남길 수도 있습니다.

04 스킨을 변경하겠냐는 메시지가 나타나면 ❶ [확인]을 클릭합니다. 성공적으로 반영되었다는 메시지가 다시 나타납니다. ❷ [확인]을 클릭합니다.

05 내 블로그의 스킨이 변경되었습니다.

06 아이템 팩토리에서 담은 스킨은 [꾸미기 설정] 탭의 [스킨]-[내 스킨 관리] 메뉴에서 [아이템 팩토리 스킨]을 클릭하면 확인할 수 있습니다.

NOTE 네이버 블로그 전문가의 실전 노하우   🔍

📖 아이템 팩토리의 퍼스나콘과 뮤직샘

지금은 퍼스나콘과 뮤직샘을 잘 사용하지는 않지만, 때에 따라 유용하게 사용될 수 있으니 참고해두길 바랍니다. 퍼스나콘은 내 닉네임 옆에 표시되는 작은 아이콘을 말합니다. 자신의 개성을 표현하는 도구였으나 네이버 프로필 기능이 업데이트되면서 잘 사용하지 않는 기능이 되었습니다. 요즘에는 사진으로 퍼스나콘을 대체하는 경우가 많습니다.

뮤직샘에서는 내 블로그의 배경 음악으로 설정할 수 있는 음악을 구매할 수 있습니다.

직접 스킨 수정하기

[내 스킨 관리] 메뉴에서 내가 만든 스킨을 직접 수정할 수 있습니다. 다시 [처음 만든 블로그 스킨] 스킨으로 변경한 후 타이틀에 어울리는 배경 색상으로 수정해보겠습니다.

01 [꾸미기 설정] 탭에서 ❶ [스킨]-[내 스킨 관리] 메뉴를 클릭합니다. [내가 만든 스킨] 탭에서 ❷ [처음 만든 블로그 스킨]의 섬네일을 클릭하면 [스킨 미리보기]가 나타납니다. ❸ [세부 디자인 변경]을 클릭합니다.

02 리모콘에서 ❶ [스킨배경] 메뉴를 클릭합니다. [타이틀] 메뉴와 마찬가지로 네이버에서 기본으로 제공하는 [스타일], 단색으로 설정할 수 있는 [컬러], 내가 직접 만든 이미지를 등록할 수 있는 [직접등록] 탭을 확인할 수 있습니다. ❷ [컬러] 탭을 클릭합니다. ❸ 색상표에서 흰색을 클릭합니다. 배경 스킨이 사라지고 깔끔한 흰색 배경으로 설정되었습니다.

03 ❶ [프로필] 메뉴를 클릭하고 ❷ [스타일] 탭을 클릭합니다. ❸ 첫 번째 [투명] 프로필을 클릭합니다. 프로필 박스가 사라졌습니다. ❹ [적용]을 클릭합니다.

04 [세부 디자인 적용]이 나타나면 ❶ [내가 만든 스킨에 저장합니다.]에 체크한 후 ❷ 스킨 제목에 **두 번째로 만든 블로그 스킨**을 입력합니다. ❸ [적용]을 클릭한 후 ❹ [확인]을 클릭합니다.

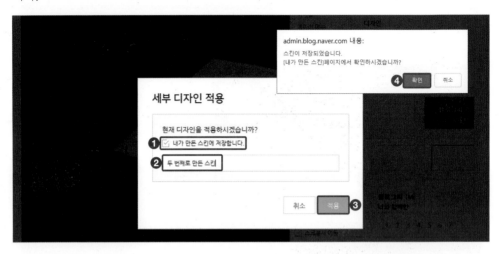

05 [내 스킨 관리] 메뉴의 [내가 만든 스킨] 탭에서 ❶ [두 번째로 만든 블로그 스킨]의 섬네일을 클릭합니다. [스킨 미리보기]에서 ❷ [바로 적용]을 클릭합니다. ❸ [확인]을 클릭해 내 블로그로 이동합니다.

06 수정된 스킨이 내 블로그에 적용되었습니다.

이와 같은 방법으로 네이버에서 기본으로 제공하는 타이틀 및 스킨을 적절히 수정해 원하는 블로그로 손쉽게 꾸밀 수 있습니다.

레이아웃이란 무엇인가

지금까지 블로그 스킨과 타이틀을 설정하며 내 블로그를 꾸미는 기초를 쌓았다면 지금부터는 한 발짝 더 나아가 레이아웃과 위젯 등을 설정해 블로그의 세부적인 부분까지 꾸며보겠습니다.

레이아웃은 쉽게 말하면 오프라인 매장의 매대 정리나 메뉴판 등으로 비유할 수 있습니다. 잘 정리된 레이아웃은 방문자로 하여금 원하는 콘텐츠를 더욱 찾기 쉽게 할 수 있습니다. 아무리 잘 꾸미고 콘텐츠가 좋다 해도 정돈되어 있지 않으면 방문자가 콘텐츠를 찾기가 무척 어려울 것입니다. 내가 어떤 콘텐츠를 블로그에 담을지, 글이나 사진 중 주로 다룰 콘텐츠는 무엇인지 잘 고려해 레이아웃을 설정하는 것이 좋습니다.

다음과 같이 다른 블로그의 잘 정돈된 레이아웃을 참고해도 좋습니다.

▲ 잘 정돈된 레이아웃 사례 '문성실의 심플 레시피(http://blog.naver.com/shriya)'

▲ 잘 정돈된 레이아웃 사례 '언제나 영화처럼(https://blog.naver.com/lifeisntcool)'

블로그 꾸미기에서 레이아웃 배치의 중요성은 아무리 강조해도 지나치지 않습니다. 지금부터 내 블로그에 맞는 레이아웃은 무엇인지, 각 레이아웃의 특징과 설정하는 방법까지 함께 알아보겠습니다.

내 블로그에 맞는 레이아웃 찾기

블로그의 레이아웃을 설정해 포스팅 공간의 너비를 설정하고 메뉴나 위젯의 구성이나 위치를 변경할 수 있습니다. 블로그 레이아웃은 1단부터 3단까지 세 가지로 나뉩니다. 각 레이아웃의 구성과 특징을 알아보겠습니다.

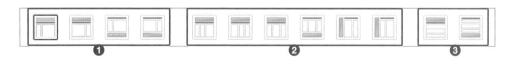

① **2단 레이아웃** | 2단 레이아웃은 블로그의 가장 기본적인 레이아웃으로 좌측 또는 우측에 메뉴와 위젯을 배치합니다. 카테고리에 쉽게 접근할 수 있다는 장점이 있습니다.

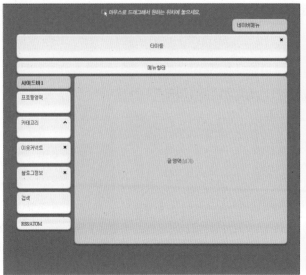

② **3단 레이아웃** | 3단 레이아웃은 위젯과 메뉴를 포스팅 공간의 양쪽에 두 줄로 배치합니다. 포스팅 공간이 가장 좁습니다. 위젯이 비교적 상단에 위치해 위젯을 강조하기 좋다는 장점 이 있습니다.

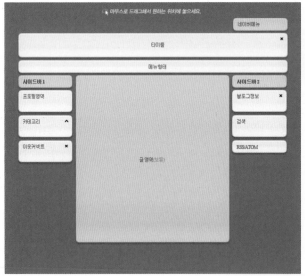

③ **1단 레이아웃** | 1단 레이아웃은 포스팅 영역을 넓게 사용할 수 있습니다. 세로 사이즈의 영향을 받지 않아 스킨을 만들기에 용이하므로 디자인적 요소를 강조하는 블로그에서 자주 사용합니다. 하지만 블로그를 보는 사람의 입장에서는 메뉴와 위젯이 위아래로 배치되어 불편할 수 있기 때문에 한쪽으로 배치하는 것이 좋습니다.

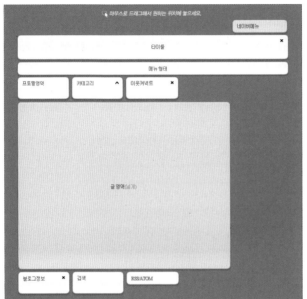

 네이버 블로그 전문가의 실전 노하우

📑 **레이아웃 설정은 왜 중요할까?**

레이아웃 설정을 잘해야 방문자가 내 블로그에서 원하는 콘텐츠를 찾기 쉽습니다. 더불어 게시판의 카테고리도 잘 설정해두는 것이 중요합니다. 레이아웃과 카테고리 설정은 내 블로그의 방문자에게 이정표와 같은 역할을 한다는 점 꼭 기억하세요. 또한 내 블로그의 주제나 콘셉트에는 어떤 레이아웃 구성이 맞을지도 잘 고려해보길 바랍니다.

레이아웃 설정으로 메뉴와 위젯 구성하고 배치하기

01 [꾸미기 설정] 탭에서 [레이아웃 · 위젯 설정] 메뉴를 클릭하면 다음과 같은 페이지가 나타납니다. 실습 예시 블로그는 1단 레이아웃으로 설정되어 있습니다. 메뉴를 제거하고 새로운 메뉴와 위젯을 등록해보겠습니다. ❶ [메뉴 사용 설정] 항목에서 [이웃커넥트], [최근댓글], [이웃블로그]의 체크를 해제한 후 ❷ [검색] 위젯을 태그 옆으로 드래그합니다.

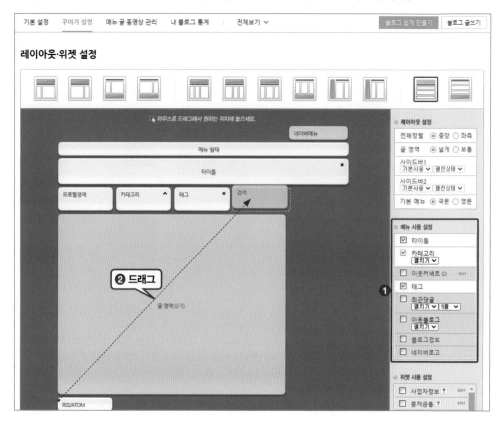

02 ❶ [위젯 사용 설정]의 [카운터] 위젯에 체크한 후 ❷ [RSS/ATOM] 위젯의 왼쪽으로 드래그합니다.

03 ❶ [적용]을 클릭한 후 ❷ [확인]을 클릭해 블로그에 적용합니다.

04 내 블로그에서 변경된 레이아웃을 확인할 수 있습니다.

사업자정보 위젯 설정하기

블로그를 상거래 목적으로 이용하려면 꼭 필요한 과정입니다. 사업자정보를 입력해서 위젯으로 배치해보겠습니다.

01 마찬가지로 [레이아웃 · 위젯 설정] 페이지에서 설정합니다. [위젯 사용 설정]의 ❶ [사업자정보]에 체크하면 [사업자정보 설정]이 나타납니다. ❷ 해당하는 정보를 입력한 후 ❸ [확인]을 클릭합니다.

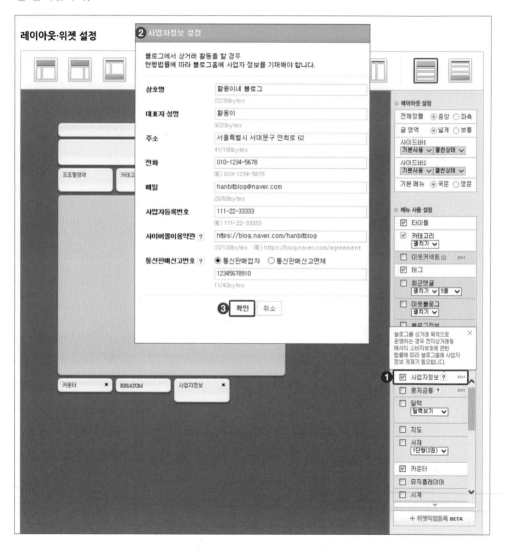

02 변경 내용을 적용한 후 내 블로그로 이동하면 [사업자정보] 위젯이 등록된 것을 확인할
수 있습니다.

TIP 블로그를 상거래 목적으로 이용하려면?

사업자정보 입력뿐만 아니라 통신판매신고를 반드시 해야 하고 통신판매신고번호도 입력되어 있어
야 합니다.

나만의 위젯 만들어 등록하기

준비 파일 | PART 04\위젯용 로고.png

네이버 블로그에서는 기본으로 제공하는 위젯뿐만 아니라 HTML 코드를 이용해 내게 필요한 위젯을 직접 등록해 사용할 수 있습니다. 간단히 페이지 이동 위젯을 만들어보겠습니다.

01 먼저 위젯으로 사용할 이미지를 등록해야 합니다. 내 블로그에서 [글쓰기]를 클릭합니다.

02 스마트에디터 ONE이 나타납니다. 스마트에디터 ONE에서는 HTML 코드 편집을 지원하지 않으므로 이전 버전인 스마트에디터 2.0을 사용해야 합니다. ❶ 오른쪽 위에 있는 ⋮ 를 클릭해 ❷ [설정]을 클릭합니다. [에디터 설정]이 나타나면 ❸ [스마트에디터 2.0]을 클릭한 후 ❹ [확인]을 클릭합니다. ❺ **F5** 를 눌러 변경된 에디터를 확인합니다.

03 스마트에디터 2.0이 나타나면 ❶ [사진]을 클릭합니다. 네이버 포토업로더가 나타나면 ❷ [내 PC]를 클릭한 후 ❸ **위젯용 로고.png**를 불러옵니다. 위젯의 최대 가로 길이는 170px 이므로 ❹ 가로 크기를 **170px**로 설정한 후 ❺ [올리기]를 클릭합니다.

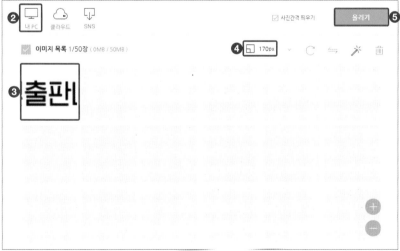

04 ❶ 업로드된 사진을 드래그한 후 ❷ [URL]을 클릭해 이동하려는 주소를 입력합니다. 여기서는 ❸ https://www.hanbit.co.kr을 입력하겠습니다. ❹ [적용]을 클릭합니다.

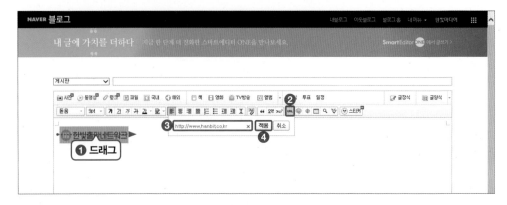

05 스마트에디터 2.0 하단의 ❶ [HTML] 탭을 클릭합니다. ❷ 본문의 HTML 코드를 드래그하고 ❸ Ctrl + C 를 눌러 복사한 후 ❹ [설정정보]를 [비공개]로 설정합니다. ❺ [확인]을 클릭해 비공개 포스트로 저장합니다.

06 다시 [레이아웃 · 위젯 설정] 페이지에서 ❶ [+ 위젯직접등록 BETA]를 클릭합니다. ❷ [위젯명]에 내가 알아보기 쉬운 위젯 이름을 설정합니다. 여기서는 **홈페이지이동**을 입력했습니다. ❸ [위젯코드입력]에 스마트에디터 2.0에서 복사한 HTML 코드를 `Ctrl` + `V` 를 눌러 붙여 넣습니다. ❹ [다음]을 클릭합니다.

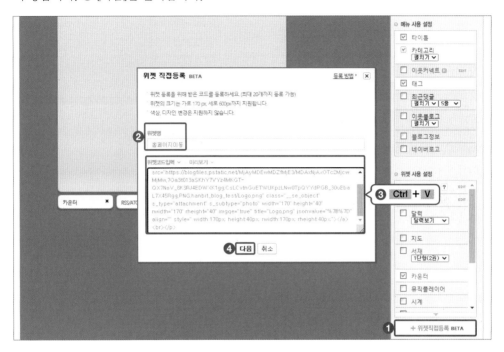

07 ❶ [미리보기]에서 위젯의 형태를 미리 볼 수 있습니다. ❷ [등록]을 클릭하고 ❸ [확인]을 클릭합니다.

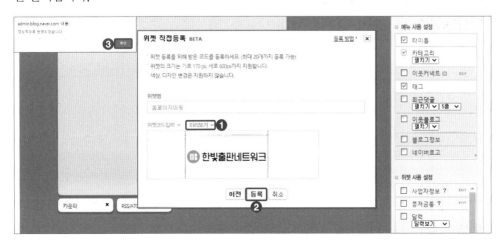

08 생성된 [홈페이지이동] 위젯을 [검색] 옆으로 드래그해 이동합니다.

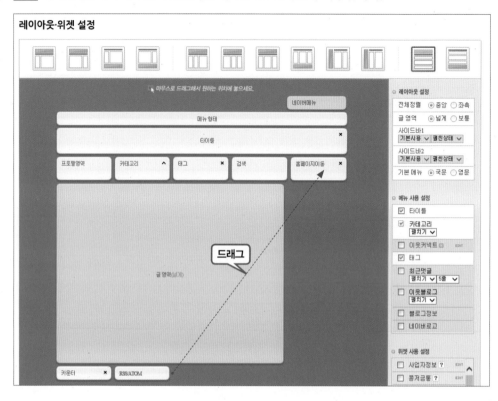

09 변경 내용을 적용한 후 내 블로그로 이동하면 [홈페이지이동] 위젯이 업로드한 이미지의
모양으로 등록된 것을 확인할 수 있습니다. 위젯을 클릭하면 링크에 입력한 주소로 이동합니다.

TIP SNS 위젯 등록하기

같은 방법으로 페이스북이나 인스타그램 등 자신의 SNS로 이동하는 위젯을 등록할 수 있습니다. 직접 등록해보길 바랍니다.

05 홈페이지형 블로그 만들기

홈페이지형 블로그란 무엇인가

다른 블로그를 살펴보면 상단 이미지가 넓고 큰 블로그들이 있습니다. 이와 같이 넓은 레이아웃을 가진 블로그 스킨을 홈페이지형 스킨이라고 하며, 해당 스킨이 적용된 블로그를 홈페이지형 블로그라고 합니다. 필자의 블로그 역시 홈페이지형 블로그입니다. 홈페이지형 블로그는 블로그의 개성을 좀 더 잘 드러낼 수 있고, 방문자에게 전문적인 느낌을 줄 수 있어 포트폴리오용 블로그, 상업용 블로그, 마케팅용 블로그 등 여러 영역에 사용됩니다.

▲ 홈페이지형 블로그 예시

다음과 같은 홈페이지형 블로그를 만들어보겠습니다. 홈페이지형 블로그를 만들려면 먼저 타이틀 대용으로 사용할 넓고 큰 상단 이미지가 필요합니다. 이 이미지는 블로그를 홈페이지처럼 보이게 해주는 중요한 요소입니다. 여기서는 미리 만들어둔 이미지를 사용합니다.

투명위젯 링크

● 홈페이지형 블로그의 구조

① 홈페이지형 블로그의 스킨 이미지 | 가로 2000px, 세로 700px을 기준으로 하며, 세로 길이는 변경할 수 있습니다. [타이틀] 이미지가 아니라 [스킨배경] 이미지로, 블로그 배경에 적용합니다.

② 투명 위젯 | 실제로 보이지는 않지만 다음과 같은 투명 위젯이 설정되어 있습니다. 이 투명 위젯은 스킨 이미지가 적용될 공간을 확보하고, 클릭할 수 있는 링크를 삽입할 수 있습니다.

③ **메뉴 링크** | 홈페이지형 블로그는 메뉴를 원하는 대로 디자인할 수 있습니다. 스킨 이미지에 메뉴 위치를 자유롭게 디자인한 후 클릭할 수 있는 링크를 적용합니다. 다만 투명 위젯이 적용된 파란색 영역 안으로만 링크를 설정할 수 있습니다.

레이아웃과 위젯 정리하고 투명 위젯 등록하기

준비 파일 | **투명 위젯 코드1**.txt

홈페이지형 블로그는 네이버 블로그가 제공하는 메뉴와 위젯의 사용을 최소로 합니다. 필요 없는 레이아웃과 위젯을 정리하고, 공간 확보 및 메뉴 링크 역할을 하는 투명 위젯을 등록해보 겠습니다.

01 [꾸미기 설정] 탭의 [레이아웃 · 위젯 설정] 페이지에서 ❶ [1단 레이아웃]으로 설정합니다. ❷ [타이틀]은 사용하지 않으므로 체크를 해제한 후 다른 위젯은 다음과 같이 정리합니다.

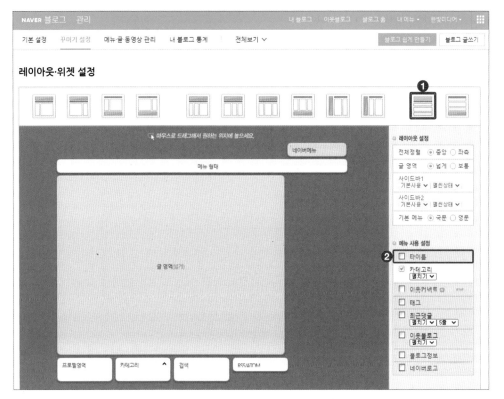

02 ➊ [+ 위젯직접등록 BETA]를 클릭합니다. ➋ [위젯명]에 **투명위젯1**을 입력하고 ➌ [위젯코드입력]에는 투명 위젯을 만드는 HTML 코드를 입력한 후 ➍ [다음]을 클릭해 등록합니다. HTML 코드는 **투명 위젯 코드1.txt**를 참고합니다.

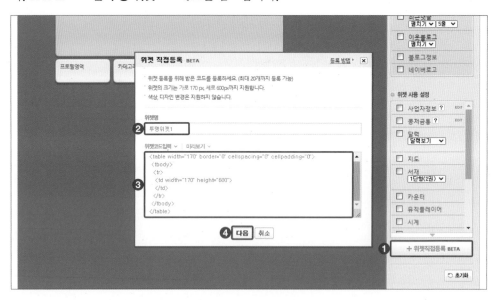

```
<table width="170" border="0" cellspacing="0" cellpadding="0">
 <tbody>
  <tr>
   <td width="170" height="600">
   </td>
  </tr>
 </tbody>
</table>
```

▲ 투명 위젯 코드1.txt

> **TIP** | HTML 코드 내용 해석
>
> 이 HTML 코드는 가로 170px의 테두리와 여백이 없는 표를 만듭니다. 가로 170px, 세로 600px로 설정하며, 세로 크기는 필요한 만큼 늘릴 수 있습니다.

03 같은 방법으로 총 5개의 투명 위젯을 등록한 후 ❶ 다음과 같이 상단에 드래그해 배치합니다. ❷ [적용]을 클릭해 변경한 레이아웃과 위젯을 적용합니다.

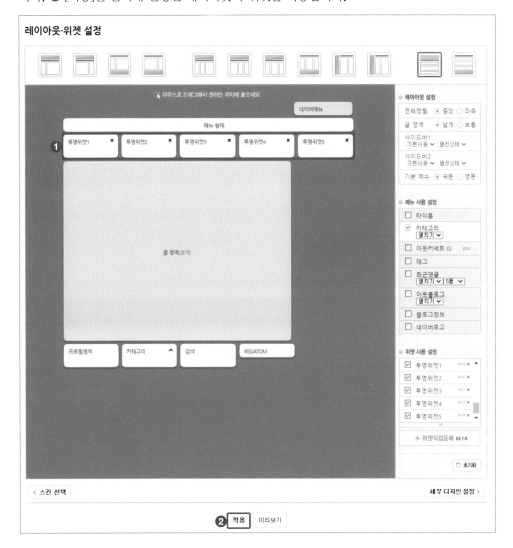

홈페이지형 블로그의 스킨 이미지 등록하기

준비 파일 | **홈페이지형 블로그**.png

이번에는 홈페이지형 블로그의 스킨 이미지를 등록해보겠습니다. 스킨 이미지는 직접 만들어서 사용해도 되고 예제 실습 파일로 제공되는 이미지를 사용해도 됩니다.

01 홈페이지형 스킨으로 사용할 이미지를 등록해보겠습니다. [꾸미기 설정] 탭의 [세부 디자인 설정] 페이지에서 설정할 수 있습니다. 리모콘의 ❶ [스킨배경] 메뉴에서 ❷ [직접등록] 탭의 ❸ [파일 등록]을 클릭해 미리 만들어둔 상단 이미지를 불러옵니다. 여기서는 ❹ **홈페이지형 블로그.png**를 불러옵니다. ❺ [적용]을 클릭해 변경 내용을 저장합니다.

02 내 블로그로 이동하면 스킨 이미지가 적용된 것을 확인할 수 있습니다. 스킨 이미지 부분을 드래그하면 앞서 적용한 투명 위젯도 확인할 수 있습니다.

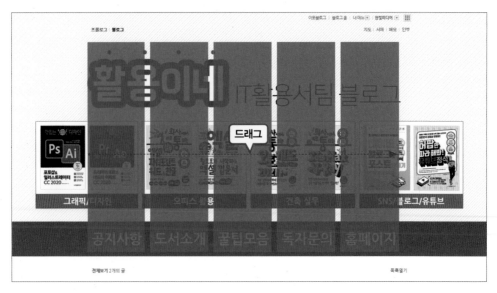

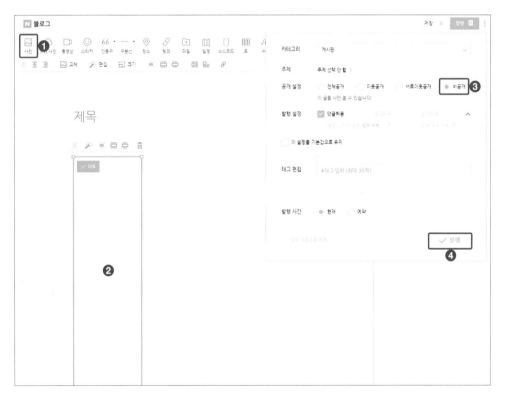

TIP **스킨 이미지 만들기**

홈페이지형 블로그의 스킨 이미지를 직접 만들려면 위와 같이 투명 위젯을 드래그해 캡처한 후 이미지 편집 프로그램에 붙여 넣고, 해당 영역에 알맞게 스킨을 디자인해 제작하면 됩니다.

투명 위젯에 링크 걸기

준비 파일 | **투명 위젯.png, 투명 위젯 코드2.txt**

마지막으로 투명 위젯에 링크를 적용해보겠습니다. 앞서 적용한 스킨 이미지의 메뉴 부분에 링크를 적용하면 클릭해 해당 링크로 이동할 수 있습니다.

01 먼저 위젯으로 사용할 투명 이미지를 등록해야 합니다. 내 블로그에서 [글쓰기]를 클릭해 스마트에디터 ONE이 나타나면 ❶ [사진]을 클릭합니다. 예제 실습 폴더의 ❷ **투명 위젯.png**를 불러옵니다. [공개 설정]을 ❸ [비공개]로 설정한 후 ❹ [발행]을 클릭합니다.

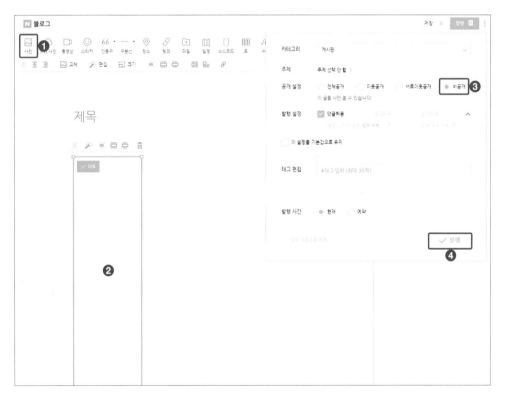

02 발행한 게시글의 투명 이미지를 마우스 오른쪽 버튼으로 클릭한 후 ❶ [이미지 주소 복사]를 클릭합니다. ❷ 복사한 주소는 메모장 등에 붙여 넣어둡니다.

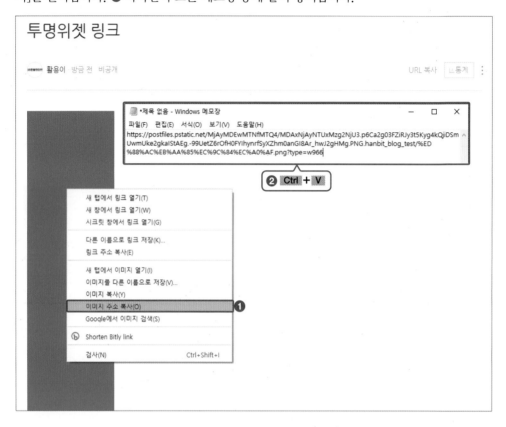

```
<img src="②에서 복사한 투명 위젯 이미지의 주소" usemap="#center" />

<map name="center">

<area shape="rect" coords="④에서 확인한 좌푯값" href="③에서 복사한 카테고리 주소" target="_
top" /></map>
```

▲ 투명 위젯 코드2.txt

> **TIP** HTML 코드 내용 해석
>
> 이 HTML 코드는 링크를 삽입하고 클릭할 영역을 지정합니다. 앞으로 복사한 주소와 좌푯값은 이 HTML 코드에 삽입해 사용합니다.

03 이번에는 이동할 카테고리의 주소를 복사해보겠습니다. [게시판] 카테고리를 마우스 오른쪽 버튼으로 클릭한 후 ❶ [링크 주소 복사]를 클릭합니다. ❷ 복사한 주소는 마찬가지로 메모장 등에 붙여 넣어둡니다.

04 마지막으로 투명 위젯에서 클릭할 부분의 좌푯값을 찾아보겠습니다. 가장 쉬운 방법인 그림판을 활용합니다. ❶ 투명 위젯 영역을 드래그한 상태에서 캡처한 후 그림판에 붙여 넣습니다. 클릭 영역의 ❷ 시작 좌표와 ❸ 끝 좌표로 지정할 위치에 마우스 포인터를 올리면 ❹ 왼쪽 하단에서 좌푯값을 확인할 수 있습니다. 이 좌푯값은 HTML 코드에 삽입해야 하니 ❺ 메모장 등에 잘 적어둡니다.

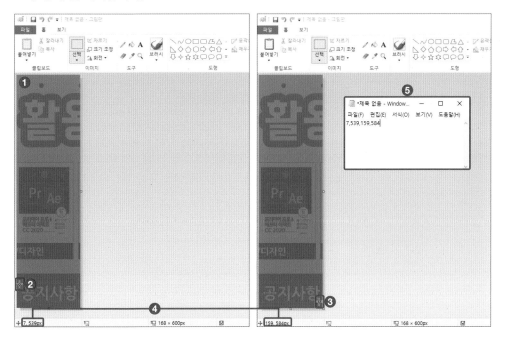

05 지금까지 확인한 링크 주소와 좌푯값을 **투명 위젯 코드2.txt**를 열어 각 위치에 다음과 같이 붙여 넣습니다.

```
<img src="②에서 복사한 투명 위젯 이미지의 주소" usemap="#center" />

<map name="center">

<area shape="rect" coords="④에서 확인한 좌푯값" href="③에서 복사한 카테고리 주소" target="_top" /></map>
```

```
<img src="https://postfiles.pstatic.net/MjAyMDEwMTNfMTQ4/MDAxNjAyNTUxMzg2NjU3.p6Ca2g03FZiR
Jy3t5Kyg4kQjiDSmUwmUke2gkaIStAEg.-99UetZ6rOfH0FYIhynrfSyXZhm0anGI8Ar_hwJ2gHMg.PNG.hanbit_
blog_test/%ED%88%AC%EB%AA%85%EC%9C%84%EC%A0%AF.png?type=w966" usemap="#center" />

<map name="center">

<area shape="rect" coords="7,539,159,584" href="https://blog.naver.com/PostList.
nhn?blogId=hanbit_blog_test&amp;from=postList&amp;categoryNo=1" target="_top" /></map>
```

06 다시 [꾸미기 설정] 탭의 [레이아웃·위젯 설정] 페이지에서 ❶ '투명위젯1'의 [EDIT]을 클릭합니다. ❷ [위젯코드입력]에 입력된 HTML 코드를 최종 수정한 HTML 코드로 변경합니다.

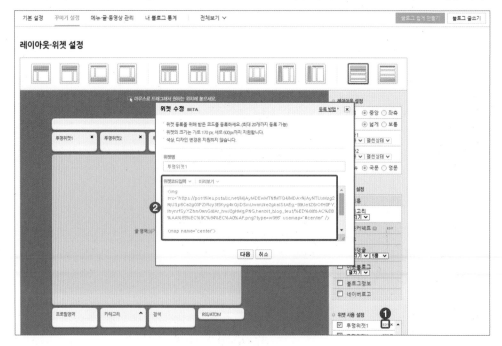

07 내 블로그로 이동하면 해당 부분에 링크가 적용된 것을 확인할 수 있습니다. 클릭하면 설정한 카테고리로 이동합니다. 같은 방법으로 다른 링크도 적용하면 됩니다.

메뉴와 글 관리 페이지 구성 요소

레이아웃과 위젯까지 무사히 잘 설정했다면 다음은 메뉴를 관리할 차례입니다. 방문자가 콘텐츠를 찾기 쉽게 하려면 메뉴가 잘 분류되어 있어야 합니다. 또한 상단메뉴나 대표메뉴를 활용해 강조하려는 콘텐츠도 설정할 수 있습니다. 각 메뉴에서 무엇을 설정할 수 있는지 알아보고 설정 방법까지 살펴보겠습니다.

● 메뉴 관리

① **상단메뉴 설정** | 블로그에서 사용할 메뉴를 선택하거나 대표메뉴를 설정할 수 있습니다. 블로그의 상단메뉴를 구성할 수 있으며, 최대 4개의 카테고리를 배치할 수 있습니다.

NAVER 블로그 관리

기본 설정　꾸미기 설정

메뉴 관리
❶ 상단메뉴 설정
❷ 블로그
❸ 메모게시판
❹ 프롤로그

글배달
❺ 블로그씨 질문

글 관리
❻ 댓글
❼ 태그
❽ 글 저장

동영상 관리
❾ 내 동영상

플러그인·연동 관리
❿ 그린리뷰 배너 설정
⓫ 애드포스트 설정

② **블로그** | 블로그 카테고리를 추가하고 관리합니다.

③ **메모게시판** | 메모 메뉴를 사용한다면, 이와 관련된 카테고리를 설정하고 관리할 수 있습니다.

④ **프롤로그** | 프롤로그를 설정합니다. 프롤로그에 표시되는 목록이나 레이아웃을 설정할 수 있습니다.

● **글배달**

⑤ **블로그씨 질문** | 블로그씨 질문의 사용 여부를 설정할 수 있습니다. 설정해두면 매일 콘텐츠를 작성할 수 있는 질문을 배달해줍니다.

● **글 관리**

⑥ **댓글** | 내 블로그에 등록된 댓글을 모아 볼 수 있고 스팸 차단을 설정할 수도 있습니다.

⑦ **태그** | 태그를 관리할 수 있습니다.

⑧ **글 저장** | 작성한 글을 PDF 파일로 만들어 저장할 수 있고 저장 목록을 관리할 수 있습니다.

● **동영상 관리**

⑨ **내 동영상** | 내 블로그에 업로드한 동영상을 모아 볼 수 있습니다.

● **플러그인 · 연동 관리**

⑩ **그린리뷰 배너 설정** | 글쓰기에 그린리뷰 넣기 옵션 추가 여부를 설정합니다.

⑪ **애드포스트 설정** | 미디어에 광고를 게재하고 광고에서 발생한 수익을 배분 받는 광고 매칭, 수익 공유 서비스입니다. 애드포스트 가입이 필요합니다.

블로그 카테고리 추가하고 관리하기

01 [메뉴 · 글 관리] 탭에서 ❶ [메뉴 관리]−[블로그] 메뉴를 클릭합니다. ❷ [+ 카테고리 추가]를 클릭해 카테고리를 추가합니다. 여기서는 ❸ [편집자 초이스], [IT활용서 신간 소개] 등 실습 블로그의 주제와 맞는 카테고리명을 입력해 추가했습니다. 예제를 따라 하지 않고 원하는 카테고리를 사용해도 됩니다. 음식 블로그라면 한식, 중식, 일식 등의 카테고리를, 취미 블로그라면 해당하는 취미의 카테고리를 추가해 사용할 수 있습니다. 카테고리명 외의 설정은 기본으로 두고 ❹ [확인]을 클릭합니다. 성공적으로 반영되었다는 메시지가 나타나면 한 번 더 ❺ [확인]을 클릭합니다.

02 변경 내용을 적용한 후 내 블로그로 이동하면 카테고리가 추가된 것을 확인할 수 있습니다.

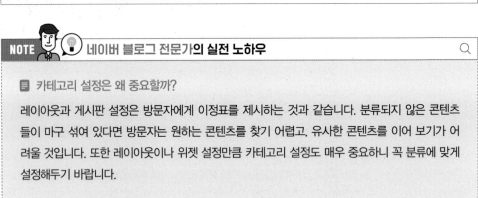

NOTE 네이버 블로그 전문가의 실전 노하우

📑 카테고리 설정은 왜 중요할까?

레이아웃과 게시판 설정은 방문자에게 이정표를 제시하는 것과 같습니다. 분류되지 않은 콘텐츠들이 마구 섞여 있다면 방문자는 원하는 콘텐츠를 찾기 어렵고, 유사한 콘텐츠를 이어 보기가 어려울 것입니다. 또한 레이아웃이나 위젯 설정만큼 카테고리 설정도 매우 중요하니 꼭 분류에 맞게 설정해두기 바랍니다.

프롤로그를 대표메뉴로 설정하고 관리하기

프롤로그는 블로그의 게시물을 한눈에 볼 수 있는 페이지로, 블로그를 처음 접속했을 때 보이도록 설정할 수 있습니다.

01 ❶ [상단메뉴 설정]을 클릭합니다. **❷** [프롤로그]의 [사용]에 체크한 후 **❸** [대표메뉴]로 설정합니다. 나머지 메뉴는 체크를 해제합니다.

02 이렇게 설정한 프롤로그는 글 강조 또는 이미지 강조 페이지로 설정할 수 있습니다. ❶ [프롤로그]를 클릭한 후 ❷ [글 강조]를 선택합니다. ❸ [이미지목록]과 [글목록]의 [사용설정]에 체크한 후 ❹ [이미지목록]은 [편집자 초이스]로, [글목록]은 [IT활용서 신간 소개]로 설정합니다. 예제를 따라 하지 않고 원하는 형태로 설정해도 됩니다.

NOTE 네이버 블로그 전문가의 **실전 노하우**

☰ [글 강조]와 [이미지 강조] 알아보기

[글 강조]와 [이미지 강조]는 블로그의 콘셉트에 따라 글을 강조할지 이미지를 강조할지 정해서 설정합니다. 자신의 콘텐츠가 글도 함께 보여주어야 한다면 [글 강조]로 설정합니다. [이미지 강조]는 포스팅 제목과 대표 이미지만 보이므로 이미지를 주로 더 크게 보여줄 때 설정합니다.

03 변경 내용을 적용한 후 내 블로그로 이동하면 프롤로그 페이지의 목록이 설정된 것을 확인할 수 있습니다.

상단메뉴에 카테고리 추가하기

01 ❶ [상단메뉴 설정] 페이지의 [상단 메뉴 지정]에서 상단메뉴에 배치할 카테고리를 선택할 수 있습니다. 상단메뉴에는 프롤로그, 블로그, 추가한 메뉴 순서로 배치됩니다. ❷ [블로그 카테고리]에서 [편집자 초이스] 카테고리를 클릭한 후 ❸ [선택]을 클릭합니다. [편집자 초이스] 카테고리가 [선택한 메뉴]에 추가되었습니다. ❹ [확인]을 클릭합니다.

02 변경 내용을 적용한 후 내 블로그로 이동하면 블로그 상단메뉴에 [편집자 초이스]가 추가된 것을 확인할 수 있습니다.

지금까지 블로그 개설부터 기본 정보 설정하기, 스킨과 레이아웃, 위젯 등의 꾸미기, 카테고리 나누기 등 하나의 블로그를 완성된 형태로 만들어보았습니다. 거듭 강조했듯이 블로그는 콘텐츠도 중요하지만 시각적으로 보이는 부분도 매우 중요합니다. 간단한 설정 몇 번으로 훌륭한 블로그로 꾸밀 수 있으니 이 부분을 꼭 명심하고 블로그를 운영하길 바랍니다.

스마트에디터 ONE 활용해 톡톡 튀는 콘텐츠 작성하기

블로그를 개설하고 기본 설정 및 꾸미기까지 마쳤다면 다음은 본격적으로 콘텐츠를
작성할 차례입니다. 네이버 블로그의 스마트에디터 ONE을 활용해 글 작성뿐만 아
니라 다양한 요소를 추가하고 보기 좋게 배치하거나 꾸미는 방법도 함께 알아보겠습
니다. PART 02에서 알아본 콘텐츠 작성법을 바탕으로 톡톡 튀는 콘텐츠를 직접 작
성해보세요.

똑똑한 콘텐츠 작성,
스마트에디터 ONE

01 스마트에디터 ONE 살펴보기

스마트에디터는 네이버에서 개발한 웹 편집기로 2008년에 처음 선보였습니다. 2010년 12월에 출시한 스마트에디터 2.0, 2015년에 출시한 스마트에디터 3.0을 거쳐 지금의 스마트에디터 ONE이 되었습니다. 스마트에디터 ONE으로 업그레이드되면서 보다 직관적이고 사용자친화적인 디자인의 에디터로 발전했습니다. 다만 스마트에디터 3.0 이후부터는 HTML 편집기능을 사용할 수 없으므로 HTML 편집이 필요한 사용자라면 설정을 통해 이전 버전을 사용해야 합니다.

> **TIP** 스마트에디터 이전 버전 사용
>
> 블로그 관리 페이지의 [기본 설정]-[기본 정보 관리]-[기본 에디터 설정]에서 스마트에디터 ONE과 스마트에디터 2.0 중에서 설정할 수 있습니다. HTML 편집이 필요하다면 스마트에디터 2.0으로 설정해 사용하길 바랍니다.

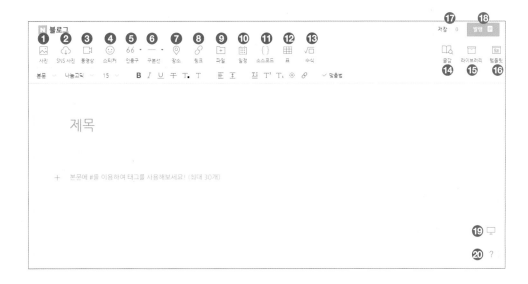

요소 추가

① **사진** | 내 컴퓨터의 이미지 파일을 업로드할 수 있습니다.

② **SNS 사진** | 네이버 클라우드와 페이스북, 인스타그램의 이미지를 불러와 첨부할 수 있습니다. 20MB 이하의 이미지만 첨부할 수 있습니다.

③ **동영상** | 동영상을 업로드할 수 있습니다. 내 컴퓨터 또는 네이버 클라우드의 일반 동영상 및 360VR 동영상을 업로드하거나 웹사이트의 동영상 링크를 통해 업로드할 수 있습니다.

④ **스티커** | 네이버에서 제공하는 각종 스티커 이모티콘을 입력할 수 있습니다.

⑤ **인용구** | 여러 가지 스타일의 인용구 서식을 입력합니다.

⑥ **구분선** | 가로 구분선을 입력합니다. 길이를 조절할 수 있습니다.

⑦ **장소** | 네이버 지도를 기반으로 장소를 표시할 수 있습니다. 여러 장소를 동시에 입력할 수도 있으며, 해외 장소도 표시할 수 있습니다.

⑧ **링크** | 입력한 링크 페이지의 로고와 설명이 링크 상자에 함께 입력되어 첨부됩니다.

⑨ **파일** | 내 컴퓨터 또는 네이버 클라우드의 파일을 첨부합니다.

⑩ **일성** | 일성을 입력합니나.

⑪ **소스코드** | 소스코드를 입력할 수 있는 상자를 추가합니다.

⑫ **표** | 표를 입력합니다.

⑬ **수식** | 수식 편집기를 불러와 수식을 입력합니다.

콘텐츠 작성 도움 메뉴

⑭ **글감** | 사진, 책, 영화, TV 등의 정보를 불러와 관련 내용을 입력할 수 있습니다.

⑮ **라이브러리** | 현재 작성 중인 문서에 첨부한 사진, 동영상, 장소 등의 요소를 보관합니다. 한 번 추가한 요소는 삭제해도 라이브러리에는 그대로 보관되어 재업로드하지 않고 바로 본문에 드래그해 추가로 첨부할 수 있습니다.

⑯ **템플릿** | 이미 설정된 포스트 스타일의 템플릿 문서를 불러옵니다. 필요한 만큼 텍스트를 추가하거나 이미지를 변경할 수 있습니다. 내가 설정한 포스트 스타일을 템플릿으로 저장할 수도 있습니다.

저장과 발행

⑰ **저장** | 임시저장된 글을 관리합니다.

⑱ **발행** | 작성한 글을 블로그에 등록합니다. 공개 여부, 태그 등 세부 옵션을 설정할 수 있습니다.

아이콘 메뉴

⑲ **화면 설정** | 포스팅 화면을 설정할 수 있습니다. 기본 설정은 PC 기준이고 모바일과 태블릿의 해상도에 맞춘 화면으로 변경할 수 있습니다.

▲ 모바일 해상도

▲ 태블릿 해상도

⑳ **도움말** | 스마트에디터 도움말을 불러옵니다.

TIP 네이버 포스트 작성법

PART 03의 CHAPTER 02에서 설명한 네이버 포스트 또한 스마트에디터 ONE을 사용해 콘텐츠를 작성합니다. 카드형 콘텐츠 작성 외에는 작성 방법이 동일하니 참고하세요.

02 스마트에디터 ONE으로 콘텐츠 작성해 발행하기

준비 파일 | PART 05\블로그글쓰기.txt, smarteditor_01.png, 동영상링크.txt, 소개링크.txt

지금부터 본격적으로 콘텐츠를 작성해서 발행하는 과정까지 진행해보겠습니다. 어렵지 않으니 차근차근 따라 해보세요.

01 제목에 **❶ 스마트에디터 ONE**을 입력합니다. 본문에 **❷ 블로그글쓰기.txt** 파일의 내용을 복사해 붙여 넣은 후 다음과 같이 문단을 구분합니다.

02 **❶** '스마트에디터로 네이버 블로그에 글쓰기'를 드래그한 후 **❷** `Ctrl` + `C` 를 눌러 복사합니다.

03 ❶ [인용구]의 더 보기 ▾를 클릭한 후 ❷ [라인&따옴표]를 클릭해 인용구 서식을 추가합니다.

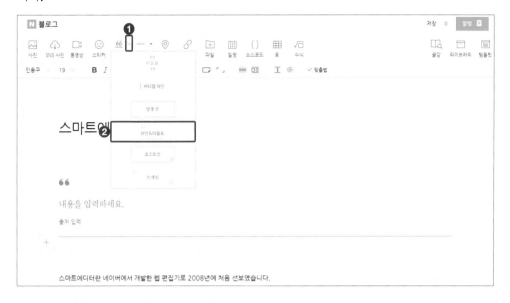

04 Ctrl + V 를 눌러 복사해두었던 '스마트에디터로 네이버 블로그에 글쓰기'를 붙여 넣습니다.

05 ❶ 인용구와 본문 사이의 공간을 클릭한 후 ❷ [사진]을 클릭합니다. [열기] 대화상자가 나타나면 예제 실습 폴더의 ❸ smarteditor_01.png를 선택한 후 ❹ [열기]를 클릭합니다.

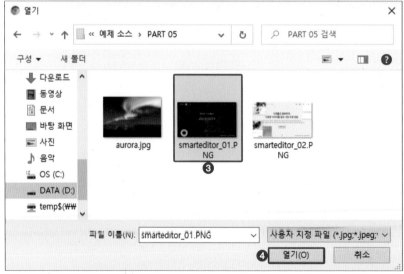

06 두 번째 문단과 세 번째 문단 사이의 공간을 클릭한 후 **동영상링크.txt** 파일의 내용을 복사해 붙여 넣습니다. 동영상이 자동으로 추가됩니다.

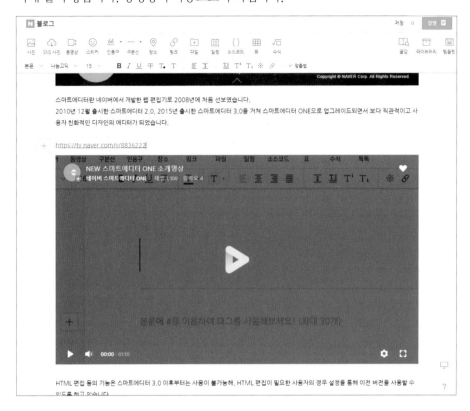

07 마지막 문단에서 줄바꿈한 후 **소개링크.txt** 파일의 내용을 복사해 붙여 넣습니다. 링크가 자동으로 추가됩니다.

08 [발행]을 클릭해 작성한 글을 블로그에 등록합니다. 내 블로그에서 글이 정상적으로 등록된 것을 확인할 수 있습니다.

 NOTE 네이버 블로그 전문가의 실전 노하우

🔲 모바일 블로그 앱으로 콘텐츠 작성하기

모바일 블로그 앱에서도 간단히 새 글을 작성할 수 있습니다. 메뉴 아이콘과 기능은 스마트에디터 ONE과 동일합니다. 사진과 동영상을 업로드할 수 있고 간단히 편집할 수도 있습니다. 제한적이지만 글감 기능을 사용할 수도 있습니다. 하지만 PC 버전의 스마트에디터 ONE만큼 다양하진 않으니 목적에 맞게 사용하도록 합니다.

---

03 스마트에디터 ONE 라이브러리 관리하기

준비 파일 | PART 05\smarteditor_02.png

라이브러리는 현재 편집 중인 글에 첨부된 사진, 동영상, 장소 등의 요소를 관리하는 일종의 보관함입니다. 본문에 첨부된 이미지나 파일을 글에서 삭제해도 라이브러리를 활용하면 손쉽게 다시 추가할 수 있습니다. 라이브러리에 등록된 요소를 본문으로 드래그해 다시 첨부하면 됩니다. 글감 기능으로 검색해 등록한 이미지 역시 라이브러리에 저장됩니다.

01 ❶ 방금 작성한 글의 더 보기⦂를 클릭한 후 ❷ [수정하기]를 클릭합니다.

02 [라이브러리]를 클릭하면 첨부한 이미지가 등록된 것을 확인할 수 있습니다.

03 ❶ 이미지에 마우스 포인터를 올리면 나타나는 선택 항목 영구 삭제⊠를 클릭합니다. ❷
삭제하겠냐고 묻는 대화상자가 나타나면 [확인]을 클릭합니다.

04 [라이브러리]에서 삭제한 파일은 본문에서도 자동으로 삭제됩니다. ❶ [사진]을 클릭해
❷ **smarteditor_02.png**를 선택하고 ❸ [열기]를 클릭해 불러옵니다. 불러온 이미지가 본문과
라이브러리에 함께 추가됩니다. ❹ [발행]을 클릭해 수정을 완료합니다.

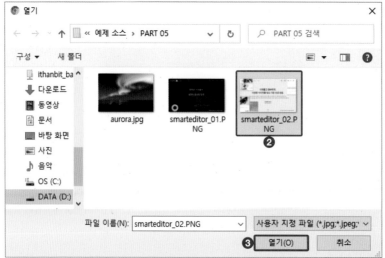

콘텐츠를 더욱
풍성하게 꾸미기

01 글감을 활용해 각종 정보 링크 입력하기

스마트에디터 ONE에서는 [글감]을 통해 소재를 손쉽게 찾을 수 있습니다. 뿐만 아니라 무료
로 제공되는 사진도 사용할 수 있습니다. 책과 영화, TV, 음악, 쇼핑 등 네이버를 통해 제공되
는 정보의 링크 상자를 입력할 수 있어 잘만 활용하면 콘텐츠가 더욱 풍성해집니다.

01 스마트에디터 ONE에서 ❶ [글감]을 클릭합니다. ❷ [사진] 탭에서 ❸ **여행**을 검색합니
다. ❹ 적절한 이미지를 하나 클릭합니다. 사진이 본문과 라이브러리에 자동으로 추가됩니다.

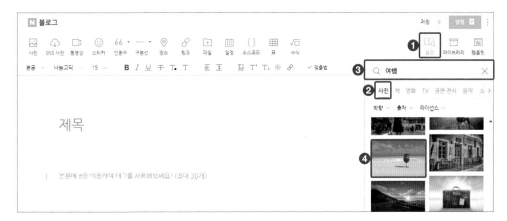

02 ❶ [책] 탭을 클릭하고 ❷ **맛있는 디자인**을 검색합니다. ❸ 첫 번째 책을 클릭합니다. 책
정보가 담긴 링크 상자가 본문에 추가됩니다.

03 같은 방법으로 영화나 TV, 뉴스 등의 정보를 링크 상자의 형태로 본문에 입력할 수 있습니다.

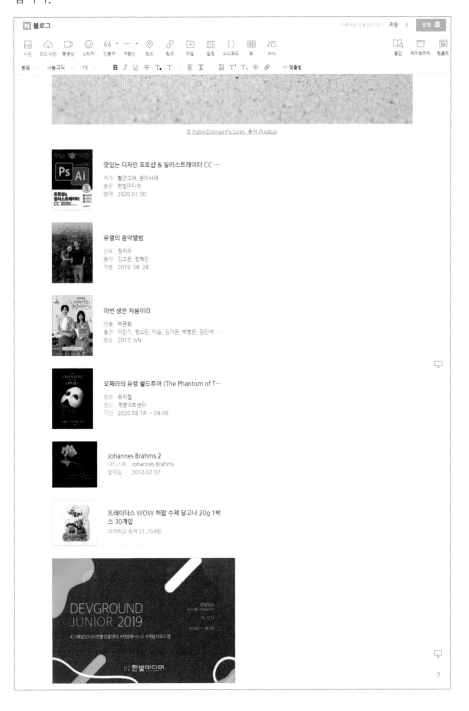

NOTE 네이버 블로그 전문가**의 실전 노하우** 🔍

📋 사용자들과의 접점이 더 많아지는 게시글

네이버는 '앞으로 검색 노출이 점점 어려워지는 게시물과 사용자들과의 접점이 더 많아지는 게시물'에 대한 기준(http://bit.ly/2VGhlv6)을 공개했습니다. 이는 C-Rank 알고리즘을 바탕으로 한 기준이기도 합니다. 내용을 살펴보고 글감을 활용해 콘텐츠를 작성할 때는 유의하세요.

검색 노출이 점점 어려워지는 게시물

- 타인의 상품을 단순 홍보하는 글
- 비체험 후기 위주의 글
- 불법의 경계를 넘나드는 글

사용자들과의 접점이 더 많아지는 게시물

- 나만의 기준으로 해석하고 분석한 글
- 누가 봐도 전문성이 인정되는 글
- 내가 직접 체험하고 맛본 것을 상세하게 소개한 글
- 본인의 상품 정보를 사용자 중심으로 정직하게 홍보한 글

내용을 살펴보면 알 수 있듯이 글감을 활용하여 콘텐츠를 작성할 때는 나만의 기준으로 해석하고, 직접 경험한 것을 상세하게 소개하는 것이 좋습니다. 글감은 사진, 책, 영화, TV, 공연·전시, 음악, 쇼핑, 뉴스를 활용할 수 있는데 이러한 소재들은 모두 작성자의 경험을 매우 중요하게 판단합니다. 단 하나의 콘텐츠라도 '검색 노출이 점점 어려워지는 게시물' 기준에 부합하면 다른 콘텐츠도 노출이 어려워질 수 있으니 참고하세요.

02 | 템플릿을 활용해 손쉽게 콘텐츠 작성하기

템플릿은 문서의 레이아웃과 이미지 배치, 글 서식 등이 미리 작성되어 있습니다. 이를 텍스트와 이미지만 간단히 교체하는 방법으로 퀄리티 높은 콘텐츠를 작성할 수 있습니다. 내가 작성한 문서를 템플릿으로 저장해서 이후 유사한 형태의 글을 통일감 있게 작성할 때 사용할 수도 있습니다.

01 스마트에디터 ONE에서 ❶ [템플릿]을 클릭합니다. ❷ [추천 템플릿] 탭에서 ❸ [제주도 자유여행]을 클릭합니다. 빈 문서일 경우 템플릿이 즉시 적용됩니다. 빈 문서가 아닐 경우 현재 문서의 [임시저장]을 묻는 메시지가 나타납니다.

TIP 네이버 포스트의 템플릿

PART 03의 CHAPTER 02에서 설명한 네이버 포스트 또한 템플릿을 활용해 손쉽게 콘텐츠를 작성할 수 있습니다. 작성 방법이 비슷하니 참고하세요.

02 다음과 같이 템플릿을 자신의 콘텐츠에 알맞게 수정할 수 있습니다. 제목이나 본문 등의
글을 변경하고 사진 등을 교체해 손쉽게 콘텐츠를 작성해보세요.

부산 자유여행 2박3일 코스

주말을 끼고 부산에 자유여행을 다녀왔어요
+ 대중교통으로 부산 2박3일 여행코스와 팁 관련해서 알려드릴게요~!|

DAY 1

부산 투어 1일차

부산역 - 초량 이바구길 - 영도 해녀촌

---

01 초량이바구길

이바구란 경상도 사투리로 '이야기'라는 뜻으로 부산 동구의 근현대사가 '이야기'로 담겨있는 길이라 하여 이바구길입니다.

부산 최초의 근대식 물류창고였던 '남선창고'부터 층계마다 피란민들의 설음이 밴 '168계단', 영화 한 편으로 울고 웃게 했던 '범일동 극장트리오', 가냘픈 어깨로 부산의 경제를 지탱했던 신발공장 여공들의 발길이 오가면 '누나의 길'까지 근현대 부산의 옛 기억이 고스란히 스며있는 곳이자, 역동적인 세월을 깊이 받아들인 동구의 상징적인 자취입니다. 뿐만 아니라 낯선 여행객들의 정감 있는 쉼터 '이바구충전소'와 '까꼬막', 막걸리 한잔과 따스한 국밥 한 그릇으로 애환의 그 시절로 돌아가게 하는 '6·25 막걸리'와 '168도시락국' 등 누구나 공감할 수 있는 이야기로 과거와 현재를 이어주는 '시간의 가교'이기도 합니다.

출처 : 이바구길 홈페이지

---

02 영도 해녀촌

부산의 '진짜' 모습을 볼 수 있는 곳, 바로 해녀촌입니다. 영도에서는 멍게, 성게, 해삼과 소라까지 물질 경력 50년 이상의 해녀들이 손수 건져 올린

준비 파일 | PART 05\aurora.jpg

블로그 프롤로그에는 각 글의 대표 이미지가 등록됩니다. 대표 이미지를 잘 설정하면 블로그에 통일감을 줄 수 있고 신뢰할 수 있는 블로그처럼 보이게 합니다. 스마트에디터 ONE의 [사진 편집] 기능을 사용해 손쉽게 멋진 대표 이미지를 만들어보겠습니다.

01 스마트에디터 ONE에서 ❶ [사진]을 클릭해 예제 실습 폴더의 **aurora.jpg** 파일을 불러온 후 ❷ 사진 편집✐을 클릭하거나 이미지를 더블클릭합니다.

02 ❶ [마스크]를 클릭한 후 ❷ [원] 마스크를 적용합니다. ❸ 크기와 위치를 조절해 배치한 후 ❹ [확인]을 클릭합니다.

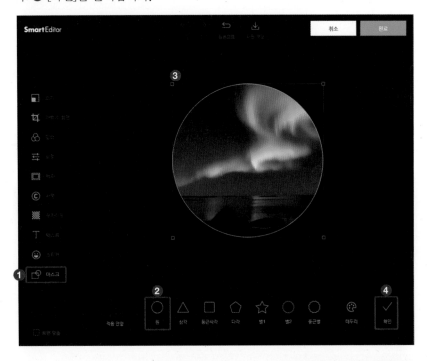

03 ❶ [텍스트]를 클릭한 후 ❷ [아트타이포]를 클릭합니다. 목록에서 ❸ [여행하는 포토그래퍼]를 클릭하면 이미지에 아트타이포가 추가됩니다.

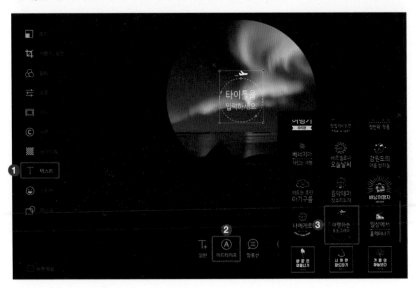

<u>**04**</u> 크기를 조절해서 가운데에 배치한 후 [타이틀를 입력하세요]를 클릭해 **북유럽 오로라 여행**으로 텍스트를 변경합니다. 한 줄에는 공백 포함 10자까지만 입력할 수 있으니 다음과 같이 줄바꿈해 입력합니다.

<u>**05**</u> ❶ [보정]을 클릭합니다. ❷ [밝기]를 클릭한 후 텍스트가 잘 보이도록 ❸ 드래그해 −25로 조절합니다. ❹ [완료]를 클릭합니다.

TIP 사진 편집 활용하기

네이버 블로그의 스마트에디터 ONE에서 기본으로 제공하는 [사진 편집]만 잘 활용해도 사진 보정뿐
만 아니라 크기 조절, 자르기, 회전 등 이미지를 손쉽게 편집할 수 있고 텍스트를 입력하거나 모자이
크 또는 스티커 등의 기능도 활용할 수 있습니다. 별도의 이미지 편집 프로그램을 활용하지 않아도
되는 장점이 있습니다.

06 ❶ 제목에 **북유럽 오로라 여행**을 입력한 후 ❷ 이미지를 클릭하고 ❸ 중앙 정렬▤을 클
릭합니다. ❹ [발행]을 클릭해 글을 블로그에 등록합니다.

07 프롤로그 페이지로 이동하면 방금 만든 원형의 대표 이미지가 적용된 것을 확인할 수
있습니다.

북유럽 오로라 여행
1분 전

TIP 대표 이미지 설정하기

대표 이미지는 보통 제일 처음에 첨부한 이미지로 설정됩니다. 대표 이미지를 변경하려면 [라이브러리]를 클릭한 다음 원하는 이미지를 클릭하면 됩니다. 클릭한 이미지가 대표 이미지가 되며, 대표 이미지는 프롤로그 또는 검색 시 가장 먼저 노출되는 이미지가 됩니다.

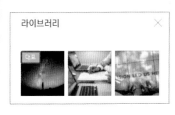

대표 이미지로 설정한 이미지에는 본문에서도 다음과 같이 [대표]라고 표시됩니다.

08 같은 방법으로 다음과 같이 대표 이미지를 설정하면 통일감 있는 프롤로그를 만들 수 있습니다.

포스팅한 콘텐츠를 SNS로 공유해 홍보하기

PART 01에서 네이버 블로그는 다른 SNS와 함께 활용하기가 매우 좋다고 이야기했습니다. 긴 글이나 사진, 동영상 등 여러 가지 형식을 함께 사용하는 데 제약이 있는 플랫폼에서 블로그 링크를 공유하는 방식으로 활용하는 것입니다. 콘텐츠를 작성한 후 공유를 클릭해 다른 SNS로 공유해보세요. 각 영역에서 서로 도움을 줄 수 있는 마케팅 플랫폼으로 함께 활용할 수 있습니다.

네이버 트렌드
따라잡기

네이버 블로그의 본문 스크랩(공유하기) 정책 변경

2018년 8월에 네이버 블로그의 본문 스크랩(공유하기) 정책이 변경되었습니다. 복사에서 참조로 변경되었다고 이해하면 빠릅니다. 기존에는 원본이 수정되거나 삭제되어도 스크랩해온 내용은 변하지 않았습니다. 이제는 원본이 수정되면 스크랩된 내용도 수정됩니다. 또한 원본이 삭제되면 스크랩된 콘텐츠도 삭제됩니다. 다음과 같이 블로그 콘텐츠 하단의 공유하기 버튼을 통해 블로그로 스크랩(공유)할 수 있습니다.

▲ 네이버 블로그의 본문 스크랩(공유하기)

스크랩된 콘텐츠의 재스크랩은 불가능하고 원본만 스크랩할 수 있습니다. 스크랩된 콘텐츠는 블로그로 공유할 수 있는 버튼 자체가 나타나지 않습니다.

▲ 네이버 블로그 본문 스크랩 대화상자

공개 범위에 따라 스크랩의 설정 가능 범위가 [전체공개]일 경우 본문 스크랩이 가능하고, [이웃공개]일 경우 링크 스크랩만 가능합니다. 비공개 콘텐츠는 스크랩할 수 없습니다. 참고로 스크랩된 콘텐츠는 [앨범형 보기]에서 섬네일이 노출되지 않고 텍스트의 일부만 노출됩니다.

모바일 블로그 앱으로 블로그 관리하기

모바일 블로그 앱으로도 블로그를 관리할 수 있고, 게시글도 작성할 수 있습니다. 또한 새로 추가된 기능인 블로그 모먼트 활용법까지 함게 살펴보겠습니다. 블로그 모먼트는 숏폼 동영상 에디터로, 간단하지만 멋진 동영상을 편집해 업로드할 수 있습니다. 모바일 블로그 앱을 활용해 수시로 블로그를 관리하고, 블로그 모먼트로 동영상도 업로드해보세요.

모바일 블로그 앱으로 관리하기

01   모바일 블로그 앱 살펴보기

요즘에는 모바일로 블로그를 보는 경우가 더 많아졌습니다. 모바일 블로그는 PC 버전 블로그와는 조금 다르게 보이므로 이 부분도 따로 설정해주어야 합니다.

네이버에서 제공하는 모바일 블로그 앱으로 내 블로그를 관리할 수 있습니다. 모바일 앱에서는 [이웃새글], [추천], [글쓰기], [내소식], [내블로그] 탭을 사용할 수 있으며, 각 탭 페이지에 대한 설명은 다음과 같습니다.

① **이웃새글** | 추천 모먼트와 내 이웃이 등록한 새 글을 볼 수 있습니다. 새 글이 없다면 추천 글을 보여줍니다.

② **추천** | 분야별 블로그의 추천 글을 확인할 수 있고, 관심 분야를 설정할 수 있습니다. 오늘의 동영상과 핫토픽에 선정된 글도 확인할 수 있습니다.

③ **글쓰기** | 모바일 글쓰기 페이지로 이동합니다. 여기서도 블로그에 포스팅할 수 있습니다. 메뉴 아이콘과 기능은 스마트에디터 ONE과 거의 동일하지만, 스마트에디터 ONE만큼 다양하진 않으므로 디테일한 포스팅은 PC 버전을 활용해야 합니다.

④ **내소식** | 내 블로그 방문자의 댓글, 안부글과 다른 블로거의 이웃 신청 등을 확인할 수 있습니다. 내가 다른 블로그에 등록한 댓글, 안부글의 반응 여부도 확인할 수 있습니다.

⑤ **내블로그** | 내 블로그의 모바일 홈으로 이동합니다.

---

02 **모바일 블로그 앱으로 모바일 블로그 설정하기**

앞서 이야기했듯이 모바일 블로그 페이지는 PC 버전 블로그와 조금 다른 모습입니다. PC 버전 블로그의 디자인과 레이아웃은 모바일 블로그에 적용되지 않습니다. 따라서 모바일 블로그는 별도로 설정합니다.

01 ❶ [내블로그] 탭에서 ❷ [홈편집]을 터치합니다. [홈편집] 페이지에서 블로그의 제목과 별명, 프로필 사진 등을 설정할 수 있습니다. 여기서 설정한 내용은 PC 버전 블로그에도 적용됩니다.

02 [이미지 변경]을 터치하면 커버 사진을 변경할 수 있습니다. [촬영 또는 앨범에서 선택]을 터치해 사진을 촬영하거나 개인 사진을 등록할 수 있습니다. ❶ 여기서는 [기본 커버 이미지]로 네이버에서 제공하는 기본 이미지를 등록해보겠습니다. ❷ 8번째 이미지를 터치한 후 [확인]을 터치해 변경했습니다.

03 [커버 스타일]을 터치하면 커버의 스타일을 설정할 수 있습니다. 여기서는 [커버 6]으로 설정하겠습니다. 다음과 같이 다양한 커버 스타일을 확인할 수 있으니 원하는 커버 스타일로 선택합니다.

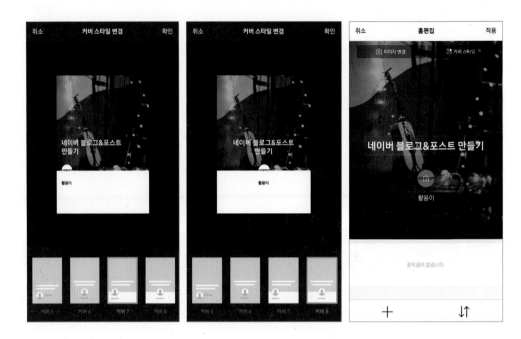

04 [소개] 항목에서 ❶ 블로그 소개와 ❷ 모바일 페이지에서만 보이는 추가 정보(전화번호, 주소)를 입력할 수 있습니다. 주소를 입력할 경우 ❸ [[필수] 개인정보 수집 및 이용 동의]에 동의해야 블로그에 등록됩니다.

05 [글 목록] 항목에서는 모바일 블로그의 글 목록 보기 방식을 선택할 수 있습니다.

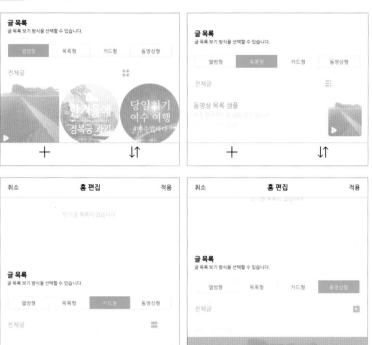

이제는 PC로 블로그에 접속하는 경우보다 모바일로 접속하는 경우가 훨씬 많습니다. 모바일 블로그 앱으로 관리하거나 설정하는 방법도 매우 간단하니 꼭 확인해보고 적용해두길 바랍니다.

숏폼 동영상 에디터,
블로그 모먼트

01 ┃ 스낵 컬처 시대의 동영상 콘텐츠

동영상 콘텐츠를 더욱 빠르고 가깝게 만나는 블로그 모먼트

동영상 콘텐츠 제작은 텍스트나 이미지와 비교했을 때 편집 등의 고급 기술을 필요로 하므로 누구나 쉽게 도전하기에는 다소 어려운 부분이 있었습니다. 네이버는 이러한 진입장벽을 낮춰, 몇 번의 터치만으로도 완성도 높은 동영상을 만들 수 있는 모바일 숏폼 동영상 에디터 블로그 모먼트를 출시했습니다. 네이버 블로그를 운영하고 있다면 블로그 모바일 앱을 통해 블로그 모먼트를 활용할 수 있습니다.

> **TIP** 모바일 앱에서만 가능한 블로그 모먼트
>
> 네이버 블로그 모먼트는 블로그 모바일 앱에서만 이용할 수 있는 서비스입니다. PC에서는 지원하지 않습니다. 블로그 모바일 앱이라도 최신 버전이 아니라면 블로그 모먼트가 나타나지 않을 수 있습니다. 이때는 모바일 앱을 최신 버전으로 업데이트합니다.

블로그 모먼트에서 기본적으로 제공하는 템플릿을 통해 마치 전문가가 제작한 것 같은 동영상을 만들 수 있습니다. 동영상의 일부만 강조하거나 화려한 효과를 삽입할 수 있고, 동영상을 자르거나 자막을 넣는 등의 기능도 제공하므로 퀄리티 있는 동영상을 쉽고 빠르게 만들 수 있습니다. 몇 번의 터치만으로도 완성도 높은 동영상이 만들어지는 것입니다.

이외에도 인덱스 기능을 활용해 동영상의 목차를 만들거나 네이버 지도의 위치 정보 또는 쇼핑의 상품 정보를 동영상에 링크로 추가할 수 있습니다. 동영상 콘텐츠에서 링크를 통해 바로 웹사이트나 정보 페이지로 이동할 수 있어서 다양한 형태로 활용할 수 있습니다. 이와 같은 변화는 블로그 콘텐츠 창작자들이 블로그를 더욱더 폭넓게 활용할 수 있게 해주어 많은 인기를 얻고 있습니다.

▲ 네이버 블로그 모먼트 소개 페이지(https://campaign.naver.com/blogmoment/main/)

블로그 모먼트는 자체적으로 월별 챌린지 프로그램도 진행합니다. 네이버 블로그 모먼트 소개 페이지(https://campaign.naver.com/blogmoment/main/)에서 상단의 [모먼트 챌린지]

탭을 클릭하면 확인할 수 있습니다. 챌린지 프로그램에 참여하는 사람을 위한 다양한 혜택이 있으니, 참여 방법을 살펴보고 도전해보길 바랍니다.

▲ 블로그 모먼트의 챌린지 프로그램

블로그 모먼트를 활용하면 스낵 컬처 시대에 맞는 10분 안쪽 분량의 동영상을 편집할 수 있습니다. 요즘 문화를 주로 소비하는 젊은 층이 10분 미만의 짧은 동영상 콘텐츠를 선호하므로 이에 최적화된 콘텐츠 및 에디터를 제공하는 것입니다. 트렌드에 최적화된 블로그 모먼트를 적극적으로 활용해보길 바랍니다.

> **TIP** 스낵 컬처란?
>
> 스낵 컬처(Snack Culture)는 과자를 먹듯, 10분 내외의 짧은 시간에 간편하게 즐기는 콘텐츠 소비 트렌드를 말합니다. 시간과 장소에 상관없이 짧은 시간에 생활 속에서 간편하게 문화생활을 즐기는 것이며, 웹툰이나 웹드라마 등이 대표적인 스낵 컬처입니다.

블로그 모먼트 간단히 등록해보기

먼저 모바일 블로그 앱을 통해 블로그 모먼트를 간단히 등록해보겠습니다. PC에서는 블로그 모먼트를 활용할 수 없으니, 블로그 모먼트를 활용하려면 반드시 모바일 앱을 설치하길 바랍니다.

01 모바일 블로그 앱을 실행하면 상단에 ❶ 추천 모먼트가 나타납니다. 이웃이 아닌 블로그의 모먼트도 나타나며, 좌우로 넘기며 관심있는 주제의 모먼트를 확인할 수 있습니다. 모먼트를 등록하려면 오른쪽 상단의 ❷ [만들기]를 터치하거나 ❸ 제일 왼쪽으로 넘겨 블로그 프로필 이미지와 함께 나타난 모먼트 만들기⊕를 터치합니다.

02 블로그 모먼트 편집기가 나타나면 ❶ 편집하려는 이미지나 동영상을 선택합니다. ❷ 하단에 선택한 이미지와 동영상이 나열되니 확인하며 진행합니다. 선택을 마쳤다면 ❸ [다음]을 터치합니다.

02 하단의 [스타일 선택]에서 스타일을 선택할 수 있습니다. 여기서는 ❶ [데일리] 스타일을 선택합니다. ❷ [다음]을 터치하면 세부 요소를 추가할 수 있습니다. 오른쪽에 정보, 스티커, 텍스트 등의 요소를 추가하거나 동영상 길이 조절 및 보정 등을 할 수 있는 아이콘이 나타납니다. 먼저 ❸ 정보, 스티커 요소 추가하기 🅿를 터치하면 [정보] 탭과 [스티커] 탭이 나타나는데, 네이버의 다양한 서비스와 연동할 수 있습니다. 더 자세한 사항은 262쪽에서 살펴보겠습니다. 간단히 편집을 완료한 후 ❹ [다음]을 터치합니다.

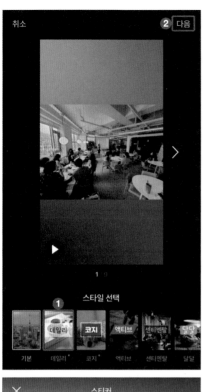

TIP 다양한 스타일 활용하기

블로그 모먼트에서 기본 제공되는 다양한 스타일을 활용하면 손쉽게 동영상을 만들 수 있습니다. 다음과 같이 몇 가지 스타일을 선택할 수 있고, 선택하면 적용된 내용을 바로 확인할 수 있습니다. 스타일은 화면 전환, 음악, 텍스트 폼, 그래픽, 필터의 조합으로 구성됩니다. 이외에도 다양한 폰트와 음악, 필터를 조합해 나만의 스타일로도 활용할 수 있습니다.

04 마지막으로 ❶ 공개 범위를 설정하고 ❷ 주제를 선택합니다. ❸ 제목, 설명, 태그 등을 입력한 후 ❹ 인덱스도 편집합니다. ❺ 미리보기를 통해 만든 동영상을 확인할 수도 있습니다. 최종 입력이 완료되면 ❻ [등록]을 터치해 블로그 모먼트를 업로드합니다.

블로그 모먼트는 동영상이 재생되기 전에 인덱스 정보가 먼저 등장합니다. 인덱스가 생소할 수 있지만 책의 목차와 같은 역할이라고 생각하면 됩니다. 동영상은 원하는 내용을 한번에 찾기 어렵습니다. 이러한 동영상에 인덱스를 넣어 정보 탐색을 더욱더 쉽게 할 수 있게 도와줍니다. 잘 정리한 동영상의 인덱스는 전체 내용을 쉽게 파악할 수 있게 하고, 원하는 정보가 있

다면 필요한 부분만 빠르게 찾아 활용할 수도 있습니다. 인덱스 편집 기능을 상세히 알아보려면 인덱스 편집 단계에서 오른쪽의 [TIP]을 터치합니다.

인덱스 설정 방법이 나타납니다. 제목 입력, 순서 변경, 클립을 합치거나 분리하는 작업을 할 수 있습니다. 인덱스 제목을 작성해두면 전달하고 싶은 정보를 더욱 명확하게 알려줄 수 있습니다. 필요에 따라 순서를 변경 및 합치거나 분리하는 작업도 할 수 있습니다.

블로그 모먼트 다채롭게 꾸며보기

블로그 모먼트를 간단히 등록하는 방법에 대해 알아보았습니다. 이번에는 블로그 모먼트를 다채롭게 꾸미는 방법에 대해 알아보겠습니다. 누구나 쉽게 활용할 수 있으니 나만의 개성 있는 블로그 모먼트를 만들어보세요.

> **TIP** 블로그 모먼트 관련 TIP
>
> 네이버 블로그팀 공식 블로그(https://bit.ly/33ynOlm)에서도 블로그 모먼트 관련 다양한 정보를 제공하고 있습니다. 살펴보고 활용해보길 바랍니다.

01 편집하려는 이미지나 동영상을 선택한 후 하단의 [스타일 선택]에서 어울리는 스타일을 고릅니다. 여기서는 ❶ [팬시]를 선택했습니다. ❷ 배경음악도 원하는 것으로 고를 수 있습니다. 원하는 스타일과 음악을 골랐다면 ❸ [다음]을 터치합니다.

  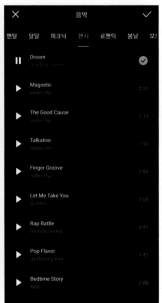

02 ❶ 텍스트 폼을 터치해 ❷ 원하는 텍스트를 입력합니다.

03 오른쪽의 동영상 편집 버튼 중 ❶ 그리기 를 터치하면 ❷ 간단히 드로잉하거나 메모를 적을 수 있습니다. ❸ 텍스트 입력하기 T를 터치하면 별도의 텍스트를 더 추가할 수 있습니다.

04 다음으로 정보 요소를 삽입해보겠습니다. 먼저 ❶ 정보, 스티커 요소 추가하기 를 터치하면 정보 요소를 추가할 수 있는 ❷ [정보] 탭이 나타납니다. 위치 정보를 추가해보겠습니다. ❸ [장소]를 터치한 후 ❹ 원하는 위치 정보를 검색해 선택합니다. ❺ 추가된 지도 정보 요소를 원하는 곳으로 이동해 배치합니다. 이외에도 네이버 쇼핑의 상품 정보, 도서 및 영화, 뉴스 등의 정보도 다양하게 추가할 수 있으며 바로 이동할 수 있는 링크도 함께 추가됩니다.

TIP 동영상 편집 버튼

자르기⬛는 동영상의 길이를 조절할 수 있으며, 보정하기⬛는 동영상의 색감 등을 보정할 수 있습니다. 음량 조절하기⬛는 동영상의 음량을 조절할 수 있으며, 사진 요소 추가하기⬛는 사진을 스티커 형태로 추가할 수 있습니다. 여러 기능을 활용해보세요.

05 편집을 마쳤다면 ❶ [다음]을 터치합니다. ❷ 주제를 선택하고 ❸ 제목, 설명, 태그를 입력한 후 ❹ [등록]을 터치해 블로그 모먼트를 등록합니다. [첫 모먼트가 완성되었어요!]가 나타나며 블로그 모먼트 등록이 성공적으로 완료됩니다.

이렇게 블로그 모먼트를 등록해보았습니다. 블로그 모먼트는 단순히 동영상을 쉽게 편집해 업로드하고 공유하는 서비스가 아닙니다. 네이버 지도의 위치 정보, 네이버 쇼핑의 상품 정보 등 다양한 정보 요소를 링크로 추가할 수 있다는 점이 가장 큰 특징이며, 이를 적극적으로 활용하면 블로그 운영에도 많은 도움이 될 것입니다. 또한 블로그 모먼트는 현재 서비스 초기이므로 다양한 혜택도 함께 지원합니다. 잘 살펴보고 블로그 운영에 도움이 될 수 있는 방향으로 활용하면 좋습니다.

네이버 트렌드
따라잡기

네이버 블로그를 SNS와 연동하기

SNS와 동영상 플랫폼 등 온라인 마케팅 플랫폼이 다양해지면서 네이버 블로그의 자리가 위협받으리라 예측된 적이 있습니다. 하지만 시간이 지나면서 마케팅 영역에서의 네이버 블로그와 SNS는 서로 경쟁하는 것이 아님을 알게 되었습니다. 네이버 블로그와 SNS, 동영상 플랫폼의 특성이 다르기 때문입니다. SNS는 관계 형성 마케팅에 초점을 맞춰 짧은 콘텐츠와 공유가 중심인 플랫폼이며, 동영상 플랫폼은 동영상 콘텐츠가 중심이 됩니다. 이에 반해 블로그는 글의 길이 제한이 없어 글과 함께 이미지, 동영상, 지도 등 다양한 정보를 조합해 작성할 수 있습니다.

▲ 모바일 블로그에 등록된 [외부채널]

오히려 블로그의 이러한 특성을 잘 살려서 글의 길이에 제한이 없고 다양한 요소를 사용할 수 있는 블로그로 새로운 유입이 발생할 수 있도록 SNS와 동영상 플랫폼을 함께 활용하면 좋습니다. 각 영역에서 서로 도움을 주는 마케팅 플랫폼이 되는 것입니다. 각 플랫폼의 장점을 잘 활용해보세요.

PC에서는 위젯을 통해 SNS와 동영상 플랫폼을 연결할 수 있고, 모바일 블로그에서는 [외부채널]을 등록해 연결할 수 있습니다. [외부채널]을 등록하면 모바일 블로그 홈에서 등록한 플랫폼을 확인할 수 있습니다.

모바일 블로그에서는 [홈 편집]을 터치해 [외부채널]을 등록할 수 있습니다. 여기서 등록한 플랫폼들이 내 모바일 블로그 홈에 노출됩니다.

▲ [홈 편집]을 클릭해 [외부채널] 등록하기

블로그로 돈 버는
네이버 애드포스트

▶ 네이버 블로그로 수익 창출하기

나만의 콘텐츠를 차곡차곡 쌓아가는 블로그를 운영하며 삶의 다양한 즐거움을 발견하는 분들이 많습니다. 이렇게 블로그를 운영하기만 해도 즐거운데, 수익까지 창출할 수 있다면 조금 더 즐겁지 않을까요? 블로그를 통해 수익을 창출할 수 있는 방법 중 가장 쉽게 도전할 수 있는 것이 바로 '애드포스트'입니다. 애드포스트를 활용하면 블로그에서 정보를 나누는 즐거움에, 수익을 얻는 즐거움까지 함께 느낄 수 있습니다.

> **TIP** 네이버 애드포스트란?
>
> 네이버 애드포스트는 미디어에 광고를 게재하여 광고에서 발생한 수익을 배분받는 광고 매칭 및 수익 공유 서비스입니다.

애드포스트는 게시글 하단에 광고를 노출하고 그 광고에서 발생한 수익을 받는 것입니다. 이전의 애드포스트는 광고를 노출할 수 있던 부분이 게시글의 맨 아래에 있는 '하단 광고(파워링크)'뿐이었습니다. 2019년 3월에 블로그 게시글 본문에도 광고를 노출할 수 있게 개선됐고, 광고 영역이 하나 더 늘어난 만큼 이용자들은 추가적인 소득 증가를 경험할 수 있었습니다. 네이버 애드포스트는 여기서 멈추지 않고, 2020년 2월에 이용자들이 더 많은 수익을 가져갈 수 있도록 본문에 신규 광고 영역을 추가했습니다.

이처럼 네이버는 애드포스트를 통해 사용자가 정보를 공유하는 것에서 그치지 않고 그 정보를 통해 추가적인 수입을 얻어 지속적인 즐거움을 얻을 수 있도록 꾸준하게 업데이트하고 있습니다.

〉 네이버 애드포스트 시작하기

네이버 애드포스트(https://adpost.naver.com)에 접속합니다. 먼저 네이버 계정으로 로그인한 후 가운데에 있는 [애드포스트 시작하기]를 클릭합니다.

▲ 네이버 애드포스트(https://adpost.naver.com)

[애드포스트 회원가입하기] 페이지가 나타납니다. 네이버 계정으로 로그인했더라도 애드포스트는 다음과 같이 별도의 회원가입 절차를 진행해야 합니다. [01 약관동의]에서 [전체 약관 동의하기]에 체크한 후 제일 아래의 [다음 단계]를 클릭합니다.

▲ 네이버 애드포스트 회원가입하기

[02 회원인증]과 [03 회원 정보 입력]에서 요구하는 정보를 입력합니다. 만 19세 이상의 대한민국 국적 소유자 및 외국인 등록번호 보유자만 네이버 애드포스트에 가입할 수 있습니다. 개인 또는 개인 사업자나 영리 법인으로 가입할 수 있는데, 사업자의 경우 개인 사업자와 영리 법인만 가입할 수 있습니다. 또한 네이버에 실명 확인된 계정 중 한 개의 계정만 가입할 수 있고, 사업자등록번호 또는 법인등록번호당 한 개의 계정만 가입할 수 있습니다.

애드포스트 수익은 지난 달 말일을 기준으로 애드포스트의 조건을 만족하면 수익 지급 대상자로 선정합니다. 또한 수익을 자동으로 지급받기 위해서는 [수입을 자동으로 지급받겠습니다.]에 체크해야 하며, 최소 지급액도 입력해야 합니다. 수익이 최소 지급액 이상이면 인증한 은행 계좌 정보로 자동 지급됩니다. 이 정보들은 추후 다시 변경할 수도 있습니다.

애드포스트 수익을 지급받기 위하여 관련 법령에 따라 제세공과금을 부담해야 하며, 미성년자는 별도 확인 절차가 요구되기에 정책상 만 19세 이상의 성인으로만 가입 대상을 한정하고 있습니다. 비영리 법인 및 면세 사업자는 가입할 수 없으며, 탈퇴한 지 30일 이내에는 가입할 수 없습니다.

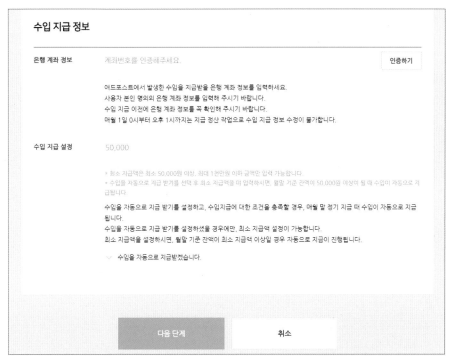

수입 지급 정보

| 은행 계좌 정보 | 계좌번호를 인증해주세요. | 인증하기 |

애드포스트에서 발생한 수입을 지급받을 은행 계좌 정보를 입력하세요.
사용자 본인 명의의 은행 계좌 정보를 입력해 주시기 바랍니다.
수입 지급 이전에 은행 계좌 정보를 꼭 확인해 주시기 바랍니다.
매월 1일 0시부터 오후 1시까지는 지급 정산 작업으로 수입 지급 정보 수정이 불가합니다.

수입 지급 설정   50,000

* 최소 지급액은 최소 50,000원 이상, 최대 1천만원 이하 금액만 입력 가능합니다.
* 수입을 자동으로 지급 받기를 선택 후 최소 지급액을 미 입력하시면, 월말 기준 잔액이 50,000원 이상이 될 때 수입이 자동으로 지급됩니다.

수입을 자동으로 지급 받기를 설정하고, 수입지급에 대한 조건을 충족할 경우, 매월 말 정기 지급 때 수입이 자동으로 지급됩니다.
수입을 자동으로 지급 받기를 설정하셨을 경우에만, 최소 지급액 설정이 가능합니다.
최소 지급액을 설정하시면, 월말 기준 잔액이 최소 지급액 이상일 경우 자동으로 지급이 진행됩니다.

☑ 수입을 자동으로 지급받겠습니다.

[다음 단계]   [취소]

▲ 네이버 애드포스트 회원가입 절차 중 [수입 지급 정보] 입력

모든 정보를 다 입력한 후 [다음 단계]를 클릭하면 다음과 같이 가입이 완료되었음을 알려줍니다. 애드포스트에 가입했더라도 이후에 광고를 게재하고자 하는 미디어를 별

도로 등록해야 하며, 애드포스트에서 정한 등록 기준을 충족해야만 광고 게재 미디어를 등록할 수 있습니다.

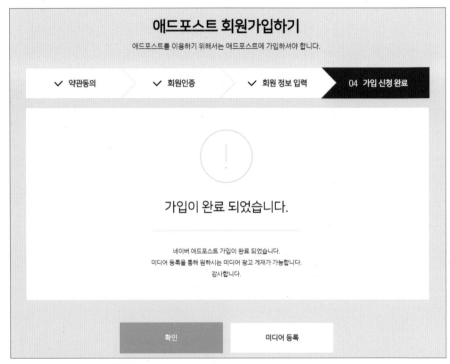

애드포스트 회원가입하기

애드포스트를 이용하기 위해서는 애드포스트에 가입하셔야 합니다.

✓ 약관동의   ✓ 회원인증   ✓ 회원 정보 입력   04 가입 신청 완료

!

가입이 완료 되었습니다.

네이버 애드포스트 가입이 완료 되었습니다.
미디어 등록을 통해 원하시는 미디어 광고 게재가 가능합니다.
감사합니다.

확인   미디어 등록

▲ 네이버 애드포스트 가입 신청 완료

▶ 운영하는 네이버 블로그를 애드포스트에 등록하기

애드포스트의 회원가입 절차를 완료하면 다음과 같은 첫 페이지가 나타납니다. 여기서 [수입 현황], [계정 현황]과 같은 보고서 요약 자료를 확인할 수 있습니다. 애드포스

트에 가입하는 것만으로는 수익을 창출할 수 없습니다. 광고를 게재할 미디어를 등록 신청해야 하고, 소정의 검수 절차를 거쳐 통과해야만 등록한 미디어에 광고를 게재할 수 있습니다.

▲ 회원가입 절차를 완료한 후 네이버 애드포스트의 첫 페이지

오른쪽에 있는 [미디어 관리]-[미디어 등록] 메뉴를 클릭합니다. [미디어 등록] 페이지가 나타나면 [네이버 미디어 등록하기]를 클릭합니다. [01 미디어 선택]에서 [네이버 블로그], [네이버 포스트], [밴드] 중 선택할 수 있으며, 유형별로 다수의 미디어를 등록할 수도 있습니다. 미디어 종류를 선택한 후 [확인]을 클릭해 다음 단계로 넘어갑니다.

▲ 네이버 애드포스트에 미디어 등록하기

[02 미디어 정보 입력]에서는 세부 미디어와 선호 주제를 선택할 수 있습니다. [미디

어추가]에서 애드포스트에 등록할 미디어를 선택합니다. 하단의 [선호 주제 설정]에서 등록하는 미디어의 콘텐츠 내용에 따라 적합한 광고 주제를 설정합니다. [선호 주제]는 한 가지만 선택할 수 있으며 반드시 선택해야 합니다.

▲ 네이버 애드포스트에 미디어 등록하기

오른쪽에 있는 [내정보]-[회원정보변경] 메뉴를 클릭하면 애드포스트에 가입할 때 설정했던 [수입 지급 설정]을 변경할 수 있습니다. 최소 지급액 및 자동 지급 여부 등을 변경할 수 있는데, 최소 지급액은 5만 원 이하로는 설정할 수 없습니다.

2020년 4월 지급부터 애드포스트의 최소 지급액이 5만 원으로 변경되었습니다. 단, 네이버페이 포인트 전환 신청은 5만 원 미만으로도 가능합니다. 5만 원 미만의 금액을 지급받으려면 네이버페이 포인트 전환을 신청하면 됩니다.

애드포스트에서 가입 및 미디어 등록을 모두 마쳤다면, 블로그에서도 애드포스트와 관련된 설정을 해야 합니다. 블로그 관리 페이지에서 [메뉴 · 글 · 동영상 관리] 탭을 클릭합니다. 오른쪽에 있는 [플러그인 · 연동 관리]–[애드포스트 설정] 메뉴를 클릭합니다. 여기에서 애드포스트 사용 설정 여부, 본문광고 사용 설정, 본문광고 위치 선택 등을 설정할 수 있습니다.

이전의 애드포스트는 본문 중 선택한 위치 한 군데에만 광고를 넣을 수 있었는데, 이제는 배너 형태의 이미지형 신규 광고를 추가로 하나 더 노출할 수 있게 되었습니다. 신규 광고는 본문 중에서 가장 적합한 위치에 자동으로 노출됩니다. 이를 통해 이전보다 조금 더 높아진 광고 수익을 기대할 수 있습니다.

▲ 블로그에서 애드포스트 설정하기

애드포스트의 광고는 설정한 후 모든 게시글에 자동 적용됩니다. 만약 특정 게시글에 광고를 노출하고 싶지 않다면 게시글 단위의 [광고 미사용]을 통해 광고를 노출하지 않을 수 있습니다. 블로그 게시글 오른쪽 상단의 더 보기 를 클릭하면 [광고 미사용] 메뉴가 나타납니다. [광고 미사용]을 클릭하면 해당 게시글에만 광고가 노출되지 않습니다.

▲ 게시글 단위 [광고 미사용] 사용하기

블로그 게시글 오른쪽 상단의 더 보기⋮를 클릭하면 [광고 사용] 메뉴가 나타납니다.
다시 광고를 노출하고 싶다면 [광고 사용]을 클릭해 광고가 노출되게 합니다.

blog

> **TIP 네이버 애드포스트란?**
>
> 더 보기 를 클릭하면 나타나는 [광고 미사용] 또는 [광고 사용]은 애드포스트를 설정해야만
> 나타나는 메뉴입니다. 애드포스트를 설정하지 않았다면 이 메뉴는 나타나지 않습니다.

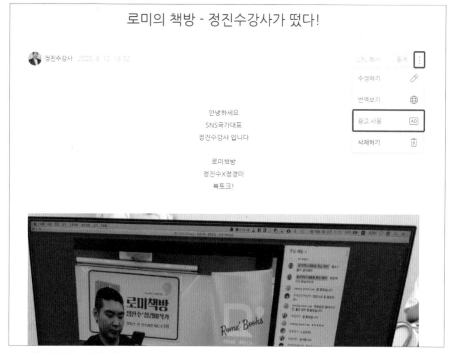

▲ 게시글 단위 [광고 사용] 사용하기

지금까지 네이버 블로그로 수익 창출하는 방법을 알아보았습니다. 처음에는 소소한
수익이겠지만, 꾸준히 운영하다 보면 수익에 눈에 띄게 증가하는 것을 볼 수 있을 것
입니다. 수익 발생을 통해 더욱 즐겁게 블로그를 운영해보세요!

N 찾아보기

N 찾아보기